ORDONNANCE DU ROI,

CONCERNANT

LE CORPS-ROYAL

DE

L'ARTILLERIE.

Du 3 Octobre 1774.

A PARIS,

DE L'IMPRIMERIE ROYALE.

M. DCCLXXV.

7. Octobre 1774.

TABLE
DES
TITRES ET ARTICLES
Contenus dans cette Ordonnance.

TITRE PREMIER.

COMPOSITION du Corps-royal de l'Artillerie... page 1

ARTICLES DU TITRE PREMIER.

Composition des Régimens................ 2
Composition des Bataillons & des Brigades.............. Ibid.
Compagnies de Mineurs & d'Ouvriers, feront partie du Corps-royal. Ibid.
Composition des compagnies de Canonniers & de Sapeurs..... 3
Composition des compagnies de Bombardiers.............. Ibid.
Division des compagnies par escouades................ Ibid.
Rétablissement des Chefs de brigade.................. Ibid.
Composition de l'État-major........................ 4
Rétablissement d'un Officier-major dans chaque compagnie..... Ibid.
Rang & autorité des Chefs de brigade & des Majors....... Ibid.
Choix des Officiers supérieurs...................... Ibid.
Commissions de Lieutenant-colonel.................. 5
Commissions de Major & de Lieutenant-colonel............ Ibid.
Commissions de Capitaine.......................... 6
Ordre à observer pour l'avancement des Officiers........... 7
Fonctions des Chefs de brigade...................... Ibid.
Rang & fonctions du Major......................... 8
Fonctions de l'Aide-major.......................... Ibid.
Fonctions des Sous-aides-major...................... Ibid.
Fonctions des Adjudans............................ 9
Ne pourront prétendre à d'autres emplois dans les compagnies... Ibid.

Adjudant des Bombardiers faisant les fonctions de Sous-aide-major. 10
Rang & fonctions du Quartier-maître .... Ibid.
Fonctions des Trésoriers ; par qui nommés .... Ibid.
Établissement d'une Caisse .... Ibid.
Trois clefs à ladite Caisse .... Ibid.
États qui doivent être dans la Caisse 11
Fonctions du Tambour-major .... Ibid.
Choix des Adjudans .... Ibid.
Choix du Quartier-maître 12
Choix des Fourriers .... Ibid.
Choix des Sergens 13
Choix des Caporaux 14
Choix des Appointés & Hautes-payes .... Ibid.
Fonctions du Fourrier 15
Fourriers subordonnés au Quartier-maître .... Ibid.
Fonctions des Sergens .... Ibid.
Fonctions des Caporaux .... Ibid.
Corps des Mineurs faisant partie du Corps-royal 16
Composition de ce Corps .... Ibid.
Composition des compagnies .... Ibid.
Formation des compagnies par escouades .... Ibid.
Commandement en chef des Mineurs 17
Commandement particulier .... Ibid.
Établissement d'un Chef de brigade .... Ibid.
Choix du Chef de brigade .... Ibid.
Établissement d'un Aide-major 18
L'Aide-major fixé dans son état .... Ibid.
Établissement des Adjudans .... Ibid.
Par qui proposés .... Ibid.
Choix des Fourriers 19
Choix des Sergens .... Ibid.
Choix des Caporaux & des Appointés 20
Les Officiers de Mineurs fixés dans leur service .... Ibid.
Tenue & Discipline .... Ibid.
Choix des Mineurs .... Ibid.

7. Octobre 1774.

Ils participeront à l'avancement du Corps-royal 21

Ils obtiendront les traitemens en conséquence . . . . Ibid.

Compagnies d'Ouvriers distribuées dans les Arsenaux, & subordonnées aux Directeurs 22

Composition des compagnies d'Ouvriers . . . . Ibid.

Division des compagnies par escouades 23

Rang des Lieutenans en second, & d'où tirés . . . . Ibid.

Par qui proposés . . . . Ibid.

Fixés dans leur emploi 24

Choix des Sergens . . . . Ibid.

Choix des Caporaux, Appointés, premiers & seconds Ouvriers . . . 25

Les Officiers d'Ouvriers rouleront avec ceux des régimens . . . . . . Ibid.

Rengagemens 26

Récompense pour les Soldats de seize ans de service 27

Récompense pour les Soldats qui auront servi vingt-quatre ans . . . 28

Récompense des Mineurs & des Ouvriers de seize & de vingt-quatre ans de service . . . . Ibid.

Officiers employés dans les Places 29

Rang conservé à ces Officiers . . . . Ibid.

Pourront être employés aux armées . . . . Ibid.

Jouiront des mêmes honneurs que les autres Officiers du Corps 30

Service des Officiers surnuméraires . . . . Ibid.

Nombre des Commissaires des guerres fixé . . . . Ibid.

Fonctions des Inspecteurs généraux . . . . Ibid.

Ils jouiront des prérogatives des autres Inspecteurs généraux 31

Conservation des anciennes Écoles . . . . Ibid.

Emplois de Gardes d'Artillerie & d'Artificiers; par qui remplis . . Ibid.

Officiers du Corps, admis de préférence dans les compagnies de Canonniers Invalides 32

Paye en paix & en guerre . . . . Ibid.

Traitement en guerre aux Officiers qui seront tirés des Places 40

Retenue pour linge & chaussure . . . . Ibid.

Traitement des détachemens aux Colonies 41

Avances qu'ils recevront . . . . Ibid.

Par qui payés . . . . Ibid.

Capitaines de Mineurs & d'Ouvriers chargés du détail de leurs compagnies 42
Établissement d'une Masse pour les Recrues . . . . Ibid.
Défense de donner des congés absolus aux Soldats des régimens . . . 43
Capitaines de Mineurs & d'Ouvriers chargés de leurs recrues. . . . Ibid.
Conditions sous lesquelles il leur est permis de donner des congés absolus. Ibid.
Armement & équipement fournis par le Roi 44
Masse pour l'habillement. . . . . Ibid.
Petite Masse d'entretien . . . . Ibid.
Administration de ladite Masse 45
Un sou pour l'entretien des Caisses . . . . Ibid.
Retenue des quatre deniers pour livre 46
Bourse du Soldat . . . . Ibid.
Répartition de cette bourse 47
Uniforme des régimens 48
Uniforme des compagnies de Mineurs 49
Uniforme des compagnies d'Ouvriers . . . . Ibid.
Distinctions pour les différens grades 51
Uniforme des Gardes d'Artillerie & autres Employés 52

TITRE II.

Du service en général du Corps-royal de l'Artillerie . . 52

Articles du Titre II.

Rang que les régimens tiendront entr'eux. . . . . Ibid.
Rang des bataillons . . . . Ibid.
Rang des brigades . . . . Ibid.
Chefs fixés à leurs brigades, dont on ne changera pas les compagnies. 53
Rang des compagnies dans les brigades . . . . Ibid.
Rang que tiendront entr'eux les régimens, bataillons, brigades, compagnies & détachemens . . . . Ibid.
Rang des Officiers entr'eux 54
Commandement en cas de réunion de différentes Troupes . . . . . . Ibid.
Police & discipline comme dans l'Infanterie 55

144

7. Octobre 1774.

Le service se fera par bataillons, brigades, compagnies, escouades & demi-escouades 55
Commandement des Gardes & des Travailleurs . . . . . . Ibid.
Les Capitaines & les Lieutenans rouleront entr'eux pour ces services dans leurs bataillons, & les Officiers de Bombardiers dans leur brigade. Ibid.
Logement des Commandans d'École, Chefs de brigade & Lieutenans. Ibid.

TITRE III.

DU *Service du Corps-royal dans les Places* 56

ARTICLES DU TITRE III.

Service d'Infanterie des régimens du Corps-royal . . . . . . Ibid.
Ne fourniront pour la garde, que la moitié, tout au plus, de ce que fourniront les autres troupes . . . . . . Ibid.
Seront exempts de tout autre service d'Infanterie, hors les cas de nécessité absolue 57
Les Mineurs exempts du service d'Infanterie dans les Places . . . . Ibid.
Les compagnies d'Ouvriers, exemptes du même service . . . . . . Ibid.
Les Officiers détachés dans les Places, communiqueront leurs ordres aux Commandans desdites Places & à ceux de l'Artillerie . . . . . . Ibid.
A qui appartiendront les honneurs du commandement lors des détachemens dans les Places 58
Commandement de l'Artillerie dans les Places assiégées . . . . . . Ibid.
Les Officiers de Mineurs & les autres Officiers du Corps-royal, ne prendront les uns sur les autres que les honneurs du commandement 59
Par qui l'ordre sera porté . . . . . . Ibid.
Revue du Commissaire des guerres 60
Comptes rendus par les Officiers détachés dans les Places . . . . Ibid.
Les Inspecteurs des manufactures d'armes rendront compte au Secrétaire d'État de la guerre . . . . . . Ibid.
A qui seront laissés les papiers concernant l'Artillerie dans les Places. 61
Apposition des scellés sur les papiers de l'Artillerie après la mort d'un Officier, & levée desdits scellés . . . . . . Ibid.
Devis des ouvrages; par qui faits 62
Compte à rendre de l'avancement des ouvrages . . . . . . Ibid.

Conservation de chaque fonds pour son objet . . . . 63.
Ouvrages qui peuvent se commencer sans ordre . . . . Ibid.
Toisé définitif des ouvrages . . . . Ibid.
Dépenses relatives aux attirails d'Artillerie 64
Tournée des Directeurs . . . . Ibid.
Le Directeur remettra les projets d'ouvrages à l'Inspecteur . . . . . Ibid.
Condition sous lesquelles un Officier peut s'absenter de sa résidence . Ibid.
Un Officier peut être tiré d'une résidence pour être employé dans une autre, par l'Inspecteur & par le Directeur 65
Tout Officier qui quittera une Place, sera obligé de demander la permission au Commandant de la Place . . . . Ibid.
Le Commandant de l'Artillerie veillera sur le service du Garde d'Artillerie. Ibid.
Travailleurs de la garnison 66
Compte que les Directeurs rendront des Officiers qui sont à leurs ordres. Ibid.
Compte qu'ils rendront aux Inspecteurs généraux lors de leurs tournées. Ibid.
Défense de communiquer les papiers de l'Artillerie 67
Les Gardes d'Artillerie sont responsables des effets qui sont à leur charge. Ibid.
Les Gardes d'Artillerie seront payés sur les revues des Commissaires des guerres . . . . Ibid.
Leurs fonctions . . . . Ibid.
Registres tenus par les Gardes 68
Ils ne pourront rien délivrer sans l'ordre d'un Officier du Corps-royal. Ibid.
Inventaire qu'ils enverront tous les ans . . . . Ibid.
États de remises & de consommation à envoyer tous les trois mois. 69
Conducteurs du charroi; leurs fonctions . . . . Ibid.
Artificiers; leurs fonctions . . . . Ibid.
Ouvriers d'État; leurs fonctions . . . . Ibid.
Canonniers d'État; leurs fonctions . . . . Ibid.
Tous les Employés seront payés sur les revues des Commissaires . . . Ibid.
Résidence des Commissaires des guerres & du Corps-royal 70
Revues qu'ils doivent faire . . . . Ibid.
Extrait de Revue; à qui remis . . . . Ibid.
Vérification qu'ils doivent faire des papiers des Gardes . . . . Ibid.
Tournées qu'ils feront . . . . Ibid.

145.

3. Octobre 1774.

Appofition des fcellés fur les papiers d'un Garde d'Artillerie qui viendra à mourir 71
Vérification des magafins, après la mort d'un Garde 72
Marchés au-deffus de mille livres; par qui faits . . . . . Ibid.
Vérification des dépenfes faites pour conftructions & réparations d'attirails. 73
Les Commiffaires des guerres affifteront à l'épreuve des poudres . . . Ibid.
Fonctions des Commiffaires dans les fonderies . . . . . Ibid.
Ils affifteront aux remifes faites par les Fourniffeurs & Entrepreneurs. 74

TITRE IV.

DU fervice des Mineurs dans les Places 75

ARTICLES DU TITRE IV.

Plan des Places à remettre au Commandant des Mineurs . . . . . Ibid.
Devis des Mines à remettre à l'Ingénieur . . . . . Ibid.
Choix des fronts à décider entre les Ingénieurs & les Mineurs . . Ibid.
Le Commandant des Mineurs, chargé exclufivement de l'exécution des projets de Mines 76
Travaux des Mineurs à la fortification, tracés & arrêtés par l'Ingénieur. Ibid.
Poudres & Outils fournis par l'Artillerie . . . . . Ibid.
Toifés définitifs des travaux de Mines . . . . . Ibid.
Lefdits travaux infcrits dans le livre in-folio *de l'Ingénieur* . . . . . Ibid.
Défenfes aux Officiers des Mineurs, de communiquer ou conferver des plans 77
Officiers de Mineurs, inftruits par le Commandant, du projet des contre-mines . . . . . Ibid.
Défenfe de laiffer fréquenter les Mines . . . . . Ibid.

TITRE V.

DU Service en général dans les anciennes Écoles du Corps-royal 78

ARTICLES DU TITRE V.

Les Officiers fupérieurs affifteront à l'école de Pratique . . . . . Ibid.

Le Colonel & le Lieutenant-colonel remplacés aux exercices de Pratique, par les Chefs de brigade 78
Maîtres entretenus dans chaque École 79
Écoles de Théorie & de Pratique . . . . Ibid.
Chefs de brigade & Majors, rouleront pour le commandement à l'École de Théorie . . . . Ibid.
Un Capitaine y présidera . . . . Ibid.
Gardes & Travailleurs pour l'École . . . . Ibid.

TITRE VI.

DU service particulier des Mineurs à l'École destinée pour ce Corps 80

ARTICLES DU TITRE VI.

Commandement de l'École . . . . Ibid.
Obligations des Officiers, sur l'étude des Mathématiques . . . . . . Ibid.
Obligations des Capitaines, sur l'étude de la Théorie-pratique des Mines. 81
Exercice de Pratique pour les Mines . . . . Ibid.
Conduite des travaux extérieurs . . . . Ibid.
Officiers de Mineurs, seront instruits pour concourir, avec les Ingénieurs, à la prompte exécution des retranchemens . . . . Ibid.
Choix du Directeur & du Garde du parc 82
Exercices d'Infanterie . . . . Ibid.

TITRE VII.

DES Exercices de Théorie & de Pratique dans les anciennes Écoles 82

ARTICLES DU TITRE VII.

Partie du régiment doit aller chaque jour à l'école de Pratique . . . Ibid.
Instruction des Sapeurs 83
Instruction des Canonniers . . . . Ibid.
Instruction des Bombardiers 84
Bouches à feu à mettre en batterie & à manœuvrer en plaine . . . . Ibid.
Les Sapeurs travailleront armés . . . . Ibid.

L'exercice

L'exercice du canon & des mortiers; par qui commandé 85
Choix du Directeur & du Sous-directeur du parc, ainsi que leurs Aides. Ibid.
Leurs Services 86
Fonctions du Directeur .... Ibid.
Fonctions du Sous-directeur .... Ibid.
Fonctions des Conducteurs & Gardes du parc .... Ibid.
Inventaires & états de remises & consommations; par qui certifiés & envoyés 87
Constructions & réparations; par qui proposées .... Ibid.
Remises & consommations de l'école de Dessin 88
Salle de Mathématiques .... Ibid.
Officiers qui doivent s'y trouver 89
Ceux qui pourront en être exemptés .... Ibid.
Compte à rendre des Officiers qui auront manqué à la salle .... Ibid.
Assemblées des Capitaines 90
Matières qu'on y traitera .... Ibid.
Ceux qui devront se trouver à ces assemblées 91
Ordre à observer dans le choix des matières qu'on traitera à ces assemblées .... Ibid.
Par qui ces assemblées seront présidées .... Ibid.
Salle de Dessin 92
Sera divisée en deux classes .... Ibid.
Par qui les salles de Dessin & de Physique seront présidées 93
Examen des Lieutenans .... Ibid.
Instruction des Sergens .... Ibid.

TITRE VIII.

DU service du Corps-royal en campagne 96

ARTICLES DU TITRE VIII.

Composition de l'État-major des équipages .... Ibid.
Établissement d'un Commis du Trésorier général .... Ibid.
Division de l'Artillerie à l'armée .... Ibid.
Les canons de l'Infanterie servis désormais par le Corps-royal ... 97

Canonniers destinés au canon d'Infanterie & à celui de réserve ... 97
Ordre de bataille des régimens du Corps-royal ... 98
Première & seconde lignes à fournir par les brigades ... 99
Troupes d'Infanterie affectées au service de l'Artillerie en campagne. Ibid.
Distribution de l'Infanterie attachée au service de l'Artillerie ... 100
Fonctions des bas Officiers en campagne ... 102
Devoir des Officiers commandant les escouades ... Ibid.
Défense de rien admettre dans les caissons avec les munitions ... Ibid.
Les Officiers en répondent ... Ibid.
Devoir du Sergent en bataille ... 103
Devoir des Officiers subalternes ... Ibid.
Service en bataille des Colonels & Lieutenans-colonels ... 104
Service des Commandans de réserve ... Ibid.
Attention du Commandant en chef de l'Artillerie dans l'action ... Ibid.
Service & prérogatives du Major de l'équipage de l'armée ... Ibid.
Service des Aides-major ... 105
Service de l'Aide-major & des Sous-aides-major des Régimens .. 107
Officiers d'Artillerie pour porter les ordres du Général de l'armée .. Ibid.
Service du Directeur du parc ... Ibid.
Il détachera des Officiers de détails aux réserves ... Ibid.
Il aura la police dans le parc ... 108
Son service lors d'une bataille ... Ibid.
Service du Sous-directeur du parc ... Ibid.
Fonctions du Garde du parc ... 109
Fonctions du Commis du Trésorier général ... 110
Fonctions du Commissaire des guerres & du Corps-royal ... 111
Fonctions du Conducteur général du charroi, & des autres Conducteurs. 113
Travailleurs pour les débouchés & les chemins ... 114
On ne souffrira sur les voitures, que les sacs des Soldats & Charretiers. 115
Ordre de marche des divisions ... Ibid.
Ordre de marche du grand parc ... Ibid.
Les Mineurs marcheront à la tête du grand parc ... Ibid.
Commandement des escortes des convois ... Ibid.
L'Artillerie; par qui gardée ... 116
Un homme d'ordonnance au canon d'Infanterie ... Ibid.

Garde du grand parc. 117

Capitaines exempts de garde . . . . Ibid.

Lieutenans de Bombardiers attachés au grand parc . . . . Ibid.

Officiers d'Ouvriers ne feront d'autre service qu'aux travaux du parc. 118

Les Mineurs aideront aux travaux des ponts & aux retranchemens. . . . . Ibid.

Ils ne fourniront que leur garde de police & celle du Commandant en chef de l'Artillerie . . . . Ibid.

Officiers généraux du Corps ne prendront jour à l'armée qu'une fois par campagne. . . . . Ibid.

Procédure contre les vols. . . . . Ibid.

Dépôt de Troupes & de munitions pour remplacer les consommations de l'armée. 119

TITRE IX.

Du service du Corps-royal dans les siéges 120

ARTICLES DU TITRE IX.

Troupes du Corps-royal destinées à l'équipage de siége . . . . Ibid.

Officiers & Employés nommés pour l'équipage de siége . . . . Ibid.

Le Commandant de l'artillerie de siége, séparé de celui de l'artillerie de l'armée 121

Formation de l'équipage de siége . . . . Ibid.

Établissement du parc . . . . Ibid.

Fonctions des Commandans en second . . . . Ibid.

Disposition du parc par le Directeur 122

Service des compagnies de Canonniers & Bombardiers, & distribution des premières batteries 123

Service des escouades en batteries . . . . Ibid.

Service des Officiers dans les batteries 125

Communications aux batteries . . . . Ibid.

Fonctions du Major de l'équipage d'Artillerie . . . . Ibid.

Fonctions du premier Aide-major de l'équipage 126

Service des autres Aides-major de l'équipage . . . . Ibid.

Relèvement des batteries 127

Distribution des Travailleurs 127

Les Sapeurs camperont près du dépôt de la tranchée .... Ibid.

Service des Mineurs .... Ibid.

Commandant des Mineurs chargé personnellement de la direction des Mines 128

Travailleurs de la ligne; à qui demandés .... Ibid.

Travaux des Mines; par qui payés .... Ibid.

Sergens de Mineurs ne seront plus attachés aux Ingénieurs ...... Ibid.

Fonctions du Commissaire des guerres & du Trésorier, attachés à l'équipage de siége 129

FIN de la Table.

ORDONNANCE

ORDONNANCE
DU ROI,

Concernant le Corps-royal de l'Artillerie.

Du 3 Octobre 1774.

DE PAR LE ROI.

SA MAJESTÉ s'étant fait repréſenter les Ordonnances rendues les 13 août 1765 & 23 août 1772, concernant ſon Corps-royal de l'Artillerie; & voulant faire connoître ſes intentions ſur la compoſition & le ſervice dudit Corps, Elle a ordonné & ordonne ce qui ſuit:

TITRE PREMIER.

Compoſition du Corps-royal de l'Artillerie.

ARTICLE PREMIER.

LES ſept régimens du Corps-royal de l'Artillerie, conſerveront le rang qu'ils ont dans l'Infanterie.

2.

Compoſition des régimens.

CHACUN de ces régimens ſera compoſé de deux bataillons de Canonniers & de Sapeurs, & de quatre compagnies de Bombardiers.

Compoſition des bataillons & des brigades.

Chaque bataillon ſera formé de deux brigades, dont une ſera compoſée de quatre compagnies de Canonniers, & l'autre de trois compagnies de Canonniers & d'une compagnie de Sapeurs.

Les quatre compagnies de Bombardiers formeront une cinquième brigade.

3.

Compagnies de Mineurs & d'Ouvriers, feront partie du Corps-royal.

LES compagnies de Mineurs & d'Ouvriers ne feront point attachées auxdits régimens; mais elles continueront de faire partie du Corps-royal.

4.

CHAQUE compagnie de Canonniers & de Bombardiers, ſera commandée en tout temps par un Capitaine en premier, un Lieutenant en premier & deux Lieutenans en ſecond, dont un ſera tiré du Corps des Fourriers & Sergens, & ſera toujours le dernier Lieutenant en ſecond de la compagnie.

5.

CHAQUE compagnie de Sapeurs ſera commandée ſupérieurement par le Chef de la brigade dans laquelle elle ſe trouvera, il en ſera le Capitaine titulaire; & il ſera attaché à chacune de ces compagnies un Capitaine en ſecond, pour la commander dans tous les cas du ſervice, & en rendre au Capitaine titulaire les comptes que celui-ci en demandera : ce Capitaine-commandant ſera à la guerre & dans les places le même ſervice que les Capitaines en premier.

Indépendamment du Chef de brigade & du Capitaine en ſecond, il ſera attaché à chacune de ces compagnies trois Officiers ſubalternes, du même rang que ceux des compagnies de Canonniers & de Bombardiers.

6.

Composition des compagnies de Canonniers & de Sapeurs.

LES compagnies de Canonniers & de Sapeurs, ſeront composées d'un Fourrier, quatre Sergens, quatre Caporaux, quatre Appointés, huit Canonniers ou Sapeurs de la première claſſe, huit de la deuxième, cinq Apprentis & un Tambour, formant trente-cinq hommes; Sa Majeſté ſe réſervant d'augmenter, lorſqu'Elle le jugera à propos, leſdites compagnies, de huit Canonniers de la deuxième claſſe & de trois Apprentis. Entend auſſi Sa Majeſté, que leſdites compagnies ſoient portées, pour le temps de guerre, au nombre de ſoixante-dix hommes, au moyen de vingt-quatre Apprentis dont elles ſeront augmentées.

Composition des compagnies de Bombardiers.

Chaque compagnie de Bombardiers ſera composée d'un Fourrier, quatre Sergens, quatre Caporaux, quatre Appointés, quatre Artificiers, quatre Bombardiers de la première claſſe, huit de la deuxième, cinq Apprentis & un Tambour. Chacune deſdites compagnies ſera également augmentée, lorſque Sa Majeſté l'ordonnera, de huit Bombardiers de la deuxième claſſe & de trois Apprentis; & portée, pour la guerre, au nombre de ſoixante-dix hommes, au moyen de vingt-quatre Apprentis d'augmentation.

7.

Diviſion des compagnies par eſcouades.

LES Caporaux, les Appointés, les Canonniers, Artificiers, Bombardiers ou Sapeurs, & les Apprentis de chacune deſdites compagnies ſeront diſtribués en quatre eſcouades; chacune deſquelles ſera commandée par un Sergent, un Caporal & un Appointé.

8.

Rétabliſſement des Chefs de brigade.

CHACUNE des brigades des régimens du Corps-royal ſera commandée par un Chef de brigade, dont le grade équivaudra à celui de Major, & lui en donnera le rang par-tout où il se trouvera; ses fonctions seront expliquées ci-après.

9.

Composition de l'État-major.

L'ÉTAT-MAJOR de chacun des régimens du Corps-royal de l'Artillerie, sera composé d'un Colonel, un Lieutenant-colonel, cinq Chefs de brigade, un Major, un Aide-major, deux Sous-aides-major, un Quartier-maître, un Trésorier, un Tambour-major, six Musiciens, un Aumônier & un Chirurgien.

10.

Rétablissement d'un Officier-major dans chaque compagnie.

LE Lieutenant en second tiré du Corps des Fourriers, ou de celui des Sergens, aura le titre d'Adjudant; il fera les fonctions d'Officier-major de la compagnie, & suppléera l'Aide-major & les Sous-aides-major, lorsque sa compagnie sera détachée.

11.

Rang & autorité des Chefs de brigade & des Majors.

LES Chefs de brigade & le Major rouleront entr'eux pour le commandement du régiment, suivant leur ancienneté.

12.

Choix des Officiers supérieurs.

LE service de l'Artillerie exigeant que les Officiers supérieurs du Corps-royal soient toujours des sujets distingués par leurs services, leurs talens & leurs connoissances, & Sa Majesté voulant de plus en plus exciter l'émulation dans ce Corps, Elle a résolu de choisir désormais, entre tous les Officiers du Corps-royal, ceux qu'Elle jugera les plus capables de bien remplir les charges de Colonels, de Lieutenans-colonels, de Chefs de brigade & de Majors; & pour que les Officiers propres à remplir l'emploi de Chefs de brigade & de Majors, soient plus sûrement connus, le Commandant de l'Ecole assemblera chaque année les Colonel, Lieutenant-colonel, Chefs de brigade & Major du régiment, pour désigner, à la à la pluralité des voix, les trois sujets les plus dignes d'être élevés à ce grade; chacun d'eux signera son avis, & ce choix sera remis par le Commandant de l'École à l'Inspecteur, lors de sa revue, lequel le remettra avec son avis au Secrétaire d'État ayant le département de la guerre.

Quant aux Capitaines d'Ouvriers ou à ceux des places, le Roi se réserve de pourvoir à leur avancement, sur les comptes qui seront rendus par les Inspecteurs, d'après ceux que les Directeurs des départemens où ces Officiers auront été employés leur remettront par écrit.

L'avancement des Capitaines de Mineurs, dépendra du compte qui sera rendu, dans la même forme, de leur conduite & de leurs talens, par le Commandant de ce Corps & par l'Inspecteur.

13.

Commissions de Lieutenant-colonel.

SA MAJESTÉ voulant traiter favorablement les Officiers de son Corps-royal, Elle ordonne que les sept plus anciens Chefs de brigade ou Majors dudit Corps, jouiront du grade de Lieutenant-colonel, dont il leur sera expédié des commissions, en vertu desquelles cependant ils ne pourront prétendre dans ledit Corps à d'autre commandement que celui attaché à leur emploi de Chef de brigade ou de Major.

14.

Commissions de Major & de Lieutenant-colonel.

SA MAJESTÉ veut aussi que les deux premiers Capitaines de chacun des régimens de son Corps-royal, soient pourvus de la commission de Major lorsqu'ils auront rempli l'emploi de premier ou second Capitaine pendant six ans, en temps de paix, & de celle de Lieutenant-colonel, lorsqu'ils l'auront occupé pendant dix ans.

Chaque campagne de guerre que feront ces Officiers en qualité de premier ou de second Capitaine, leur sera comptée pour deux années de paix; & l'intention de Sa Majesté est que, dans le cas où ils seroient obligés de quitter son service, après avoir obtenu l'une ou l'autre de ces commissions, leur retraite leur soit réglée sur le même pied que celle des Lieutenans-colonels ou des Majors.

Sa Majesté entend que les commissions de Major ou de Lieutenant-colonel, qui seront accordées, en conséquence du présent article, auxdits deux premiers Capitaines de chaque régiment, ne leur donnent aucun commandement dans lesdits régimens, quand même leurs commissions seroient antérieures à celles des Chefs de brigade & des Lieutenans-colonels titulaires; les Officiers qui en seront pourvus ne devant être reconnus & faire le service dans le Corps, que comme Capitaines, & comme tels, être subordonnés aux Chefs de brigade des régimens.

15.

LORSQU'IL arrivera qu'un de ces Capitaines pourvus de l'une ou de l'autre de ces commissions, sera nommé à un emploi de Chef de brigade ou de Lieutenant-colonel; l'intention de Sa Majesté est qu'alors il prenne rang du jour de la date de sa commission avec les Chefs de brigade ou les Lieutenans-colonels du Corps.

16.

Commissions de Capitaine.

LES cinquante-six premiers Lieutenans des sept régimens du Corps-royal, seront pourvus à l'avenir, de commissions de Capitaine; mais cette grâce ne sera accordée à l'ancienneté, qu'autant qu'elle sera accompagnée du mérite: ces Officiers ne pourront cependant faire d'autre service dans le Corps, que celui du Lieutenant, à l'exception de la garde qu'ils monteront comme Capitaines.

Sa Majesté n'entend point au surplus que les commissions accordées par cet article, ainsi que par les précédens, puissent, dans aucun cas, faire jouir les Officiers qui en seront pourvus, d'autres commandemens, appointemens ou traitemens que ceux attachés aux emplois qu'ils auront dans le Corps; à l'exception des Lieutenans pourvus de la commission de Capitaine, qui jouiront d'une ration de fourrage de plus que les autres Lieutenans, conformément à l'article 13 de l'Ordonnance du 27 février 1760.

17.

POUR désigner ceux des Lieutenans avec commission de Capitaine, qui devront passer à l'emploi de Capitaine en second, le Commandant de l'École assemblera chez lui, chaque année, les Officiers supérieurs du régiment, pour choisir les trois sujets qui seront jugés les plus capables, ainsi qu'il a été dit à l'article 12, relativement aux choix des Chefs de brigade & Majors.

18.

Ordre à observer pour l'avancement des Officiers.

LES Lieutenans en premier & en second, autres que les Adjudans & Quartiers-maîtres, ne rouleront, pour leur avancement, que dans leurs régimens; les Capitaines en second ne rouleront de même que dans le régiment auquel ils seront attachés, pour monter aux compagnies. Sa Majesté n'entend cependant accorder des grades à l'ancienneté, qu'autant que le mérite y sera joint. Les Capitaines en premier, les Chefs de brigade, Majors, Lieutenans-colonels & Colonels, seront choisis sur tout le Corps pour passer à des grades supérieurs. Quant aux commissions de Major ou de Lieutenant-colonel qui seront accordées en vertu de l'article 14 du présent titre, elles seront données aux deux plus anciens Capitaines de chaque régiment, sans avoir égard à la date de leurs commissions de Capitaine.

19.

Fonctions des Chefs de brigade.

LES Chefs de brigade commanderont, sous l'autorité du Colonel & du Lieutenant-colonel, non-seulement les quatre compagnies dont leurs brigades seront composées, mais encore celles qui y feront jointes quand le fervice l'exigera. Ils feront de plus fpécialement chargés de veiller à l'inftruction des Officiers de leur brigade, de diriger leurs études, de fuivre leurs progrès, de leur enfeigner les applications à faire de la théorie à la pratique, & enfin de leur donner toutes les connoiffances relatives aux opérations militaires & aux détails de l'Artillerie qui ne font pas de la compétence des Profeffeurs de Mathématique.

Ceux des Chefs de brigade qui feront Capitaines titulaires des compagnies de Sapeurs, veilleront fupérieurement à la difcipline, à la tenue & au bien-être des Soldats de ces compagnies.

20.

Rang & fonctions du Major.

LE Major roulera, ainfi qu'il a été dit, pour le commandement du régiment, fuivant fon ancienneté, avec les Chefs de brigade; & Sa Majefté ne voulant point que les détails de la majorité l'empêchent de fe perfectionner dans les différentes parties de l'Artillerie, Elle le difpenfe de fuivre par lui-même les exercices de l'Infanterie, & d'entrer dans le détail des menues réparations, dont il fe fera feulement rendre compte.

21.

Fonctions de l'Aide-major.

L'AIDE-MAJOR fera perfonnellement chargé de l'entretien & des menues réparations de la Troupe, ainfi que du fervice & des exercices d'Infanterie qui feront réglés pour les régimens du Corps-royal; le tout fous l'infpection du Major & l'autorité du Commandant du régiment : il aidera en outre le Major dans les autres fonctions de la majorité.

22.

Fonctions des Sous-aides-major.

LES Sous-aides-major aideront l'Aide-major dans toutes fes fonctions, & le fuppléeront au befoin; ils feront chargés de raffembler les détails & les comptes que les Adjudans leur

leur rendront de chaque compagnie, pour en faire le rapport à l'Aide-major.

23.

LES Capitaines en premier devant s'occuper particulièrement de l'instruction des Officiers & des Soldats dans les exercices de théorie & de pratique d'Artillerie qui seront prescrits, Sa Majesté veut bien qu'ils ne soient pas chargés directement des objets qui concernent la tenue, la discipline & les exercices qui ont purement rapport à l'Infanterie, dont les Adjudans seront chargés, & sur lesquels cependant ils seront obligés de veiller. Ils veilleront aussi avec beaucoup d'attention à tout ce qui pourra contribuer au bien-être des Soldats & à leur entretien ; déclarant Sa Majesté qu'Elle fera punir sévèrement, suivant l'exigence des cas, tous ceux qui y auront apporté quelque négligence.

24.

Fonctions des Adjudans.

LES Adjudans seront subordonnés aux Sous-aides-major, & ils seront spécialement chargés de veiller à la tenue & à la discipline de la compagnie à laquelle chacun d'eux sera attaché, de remplir les fonctions dont les Officiers subalternes sont chargés dans les compagnies d'Infanterie, & enfin d'avoir attention à ce que les menues réparations soient faites à mesure & au moyen de la Masse qui est établie pour cet objet : ils en rendront compte aux Sous-aides-major, après en avoir informé le Capitaine, ainsi que de tout ce qui se passera dans la compagnie, concernant le service, la discipline & le bon ordre.

Ils feront en bataille, aux siéges & aux écoles de pratique, le même service que les autres Officiers subalternes des compagnies.

25.

Ne pourront prétendre à

CES Adjudans seront employés, autant qu'il se pourra, dans une autre compagnie que celle dans laquelle *d'autres emplois dans les compagnies.*

ils auront été Sergens ou Fourriers, & ils ne pourront prétendre à aucun autre emploi dans les compagnies du Corps-royal.

26.

Adjudans des Bombardiers, faisant les fonctions de Sous-aide-major.

L'UN des Adjudans de la brigade de Bombardiers, sera choisi par le Colonel du régiment, sur la proposition qui lui en sera faite par le Chef de ladite brigade & par le Major du régiment, pour faire les fonctions de Sous-aide-major dans cette brigade, & pour rassembler les détails & rendre compte à l'Aide-major.

27.

Rang & fonctions du Quartier-maître.

LE Quartier-maître de chaque régiment sera toujours tiré du corps des Fourriers, ou de celui des Sergens; il aura rang de Lieutenant en second, & roulera, suivant son ancienneté, avec les Adjudans; il sera chargé du logement, du campement, des distributions & autres fonctions relatives, supérieurement aux Fourriers.

28.

Fonctions des Trésoriers; par qui nommés.

LES Trésoriers seront particulièrement chargés de l'administration des deniers de chaque régiment; ils seront présentés par le Colonel, le Lieutenant-colonel & le Major, au Secrétaire d'État ayant le département de la guerre, qui, après les avoir agréés, leur fera expédier des brevets pour remplir lesdits emplois.

29.

Établissement d'une Caisse.

L'ARGENT de la solde ou de toute autre partie, qui appartiendra à chaque régiment, à l'exception de celui des Masses pour l'habillement, sera remis tous les mois au Trésorier pour être renfermé dans une caisse dont il aura la régie subordonnément au Major, sous l'autorité du Commandant du régiment.

30.

Trois clefs à ladite Caisse.

CETTE caisse aura trois serrures, dont les trois clefs

seront entre les mains, l'une du Colonel, & en son absence, du Commandant du régiment; la deuxième entre les mains du Major, & la troisième entre celles du Trésorier, de manière que ladite caisse ne puisse jamais s'ouvrir qu'en présence de ces trois personnes: Entend Sa Majesté que cette caisse soit déposée chez le Commandant du régiment.

31.

États qui doivent être dans la caisse.

IL y aura toujours dans la caisse de chaque régiment, un état des fonds qui y seront mis, & un état de ceux qui en seront tirés, avec les causes des recettes & dépenses: ces états seront signés du Commandant du régiment, du Major & du Trésorier; il en sera remis un double au Major, & il en sera envoyé un tous les ans au Secrétaire d'État ayant le département de la guerre.

32.

Fonctions du Tambour-major.

LE Tambour-major veillera sur la conduite & la discipline prescrite parmi les Tambours; il aura rang de Sergent, & jouira des mêmes droits & prérogatives que les autres Sergens; il sera proposé par le Major au Colonel qui le nommera.

33.

Choix des Adjudans.

LES Adjudans devant être tirés du corps des Fourriers & Sergens, conformément à l'article 4 du présent Titre, lorsqu'il vaquera une place d'Adjudant, les cinq Chefs de brigade & le Major s'assembleront chez le Lieutenant-colonel, pour, avec lui, choisir, à la pluralité des voix, trois sujets non mariés qu'ils croiront les plus propres à remplir la place vacante; observant cependant de donner la préférence, autant que faire se pourra, aux Fourriers ou Sergens de Canonniers, quand la place vaquera dans une compagnie de Canonniers; aux Fourriers ou Sergens de Bombardiers, quand elle vaquera dans une compagnie de Bombardiers; & à ceux de Sapeurs, quand ce sera dans une compagnie de Sapeurs.

Le Lieutenant-colonel préſentera l'élection des trois ſujets au Colonel, qui déſignera celui des trois qui, par ſes talens, ſes ſervices & ſa bonne conduite, aura mérité le plus de devenir Officier; & le Colonel la préſentera à ſon tour au Commandant ou Chef de l'Artillerie qui ſera ſur les lieux, lequel l'enverra, avec ſon avis, au Secrétaire d'État ayant le département de la guerre, pour le faire agréer par Sa Majeſté. Ceux des Chefs de brigade qui ſeront abſens lors de cette élection, ſeront remplacés par le plus ancien Capitaine de leur brigade.

34.

Choix du Quartier-maître.

PAREILLEMENT, lorſque la place de Quartier-maître viendra à vaquer, les mêmes Officiers s'aſſembleront pour choiſir parmi les Fourriers & Sergens non mariés, trois ſujets qu'ils jugeront les plus propres à remplir cette place: le Lieutenant-colonel les préſentera au Colonel du régiment, qui choiſira un des trois ſujets préſentés, & le propoſera de même au Commandant ou Chef de l'Artillerie, qui enverra cette élection au Secrétaire d'État ayant le département de la guerre, pour la faire agréer par Sa Majeſté.

Les emplois d'Adjudant & de Quartier-maître, ne pourront jamais être donnés à des Fourriers ou Sergens convaincus d'avoir déſerté, ou qui auroient été caſſés, quoiqu'ils euſſent été rétablis par la ſuite, & quelques talens qu'ils aient d'ailleurs; Sa Majeſté voulant que ceux qui ſe trouveront dans l'un de ces deux cas, ſoient exclus pour toujours de parvenir au grade d'Officier.

35.

Choix des Fourriers.

POUR choiſir un Fourrier, le plus ancien Capitaine préſent à la brigade où vaquera ladite place, aſſemblera les Adjudans de ladite brigade, pour faire, parmi les Sergens de la brigade, le choix de quatre ſujets.

Ce premier choix ſera porté au Chef de la brigade qui aſſemblera les quatre Capitaines, ou, en leur abſence, les

les Commandans des compagnies, pour, à la pluralité des voix, choisir, entre ces quatre sujets, les deux qu'ils croiront les plus dignes.

Cette seconde élection sera remise au Colonel du régiment, qui, d'après l'avis de son État-major, nommera celui des deux qui devra remplir la place.

Dans le cas où il ne se trouveroit pas de sujets convenables, le même Chef de brigade sera autorisé à demander qu'il soit procédé, dans une autre brigade, à une pareille élection, à laquelle il présidera conjointement avec le Chef de la brigade d'où le sujet devra être tiré.

36.

Choix des Sergens.

LORSQU'IL vaquera une place de Sergent dans une compagnie, le Fourrier & les deux plus anciens Sergens de cette compagnie, le Fourrier & le plus ancien Sergent de chacune des trois autres compagnies de la brigade dans laquelle la place sera vacante, s'assembleront pour indiquer six des sujets de ladite brigade qui sachent lire & écrire, & qu'ils croiront les plus propres à remplir cette place; ils en porteront l'état au Chef de leur brigade, ou, en son absence, au plus ancien Capitaine, lequel assemblera chez lui le plus ancien Officier présent au Corps de chacune des quatre compagnies, pour choisir, à la pluralité des voix, trois sujets du nombre des six proposés. Ce Chef les présentera ensuite au Commandant du régiment, qui nommera celui des trois qu'il jugera le plus propre à remplir la place vacante.

Lorsque deux compagnies se trouveront détachées ensemble, elles fourniront le même nombre d'Officiers, les deux Fourriers & six Sergens, pour procéder à la nomination de trois sujets, sur lesquels le Commandant desdites compagnies prendra les ordres de son Chef de brigade.

Si le détachement n'étoit composé que d'une compagnie, & qu'il y eût une place de Sergent vacante, le Fourrier & les Sergens indiqueront au Commandant de la compagnie le nombre de sujets ci-dessus prescrit; & ce Commandant assemblera chez lui les autres Officiers de ladite compagnie, pour en choisir trois, sur lesquels il prendra de même les ordres de son Chef de brigade.

Si dans l'un ou l'autre cas le détachement se trouvoit au-delà des mers, comme alors le Commandant dudit détachement ne seroit pas à portée de prendre les ordres de son Chef de brigade, il fera élire, comme ci-devant, trois sujets, & il choisira & installera celui des trois qu'il croira mériter la préférence.

37.

Choix des Caporaux.

LORSQU'IL vaquera une place de Caporal ou d'Artificier, le Fourrier, les Sergens & l'ancien Caporal de la compagnie où la place sera vacante, s'assembleront chez leur Capitaine pour élire trois sujets de ladite compagnie. Le Capitaine les présentera au Chef de sa brigade, lequel en choisira un des trois, & le fera agréer par le Commandant du régiment. On aura attention, dans ces élections, de donner, à mérite égal, la préférence à l'ancienneté.

38.

Choix des Appointés & Hautes-payes.

LES places d'Appointés appartiendront de droit aux plus anciens Canonniers, Artificiers, Bombardiers ou Sapeurs de chaque compagnie. A l'égard des Canonniers, Bombardiers & Sapeurs de la première classe, ils seront pris dans la compagnie où la place sera vacante, parmi ceux de la seconde classe: en conséquence, les deux premiers Officiers de ladite compagnie, & l'Adjudant, en présence du chef de brigade, examineront le plus ancien des Soldats de la seconde classe; & s'il est jugé en état de bien remplir les fonctions de chef de pièce, on lui donnera la place vacante dans la première classe; sinon on passera à l'examen du second, & ainsi de suite, jusqu'à ce qu'on en trouve un qui soit en état d'occuper ladite place.

39.

Fonctions du Fourrier.

Le Fourrier sera particulièrement chargé de surveiller l'armement de la compagnie ; & dans le cas où elle seroit de service en entier, il en commandera la quatrième escouade.

Il présidera, sous l'autorité de l'Adjudant, à l'instruction des Recrues.

Il suppléera l'Adjudant dans les détails de la compagnie, & l'aidera, au besoin, dans les fonctions qui lui sont attribuées pour la tenue & la discipline.

Il ne sera détaché que dans les cas de nécessité, & ne fera dans les siéges que les services pour lesquels il sera commandé.

Il sera dispensé de monter la garde, excepté à la guerre quand les circonstances l'exigeront.

40.

Fourriers subordonnés au Quartier-maître.

Les Fourriers seront subordonnés au Quartier-maître; ils seront chargés, sous ses ordres, du détail de toutes les subsistances, des distributions, du logement, du campement, de la propreté du quartier & du camp.

41.

Fonctions des Sergens.

Chaque Sergent commandera une escouade sous l'autorité des Officiers de sa compagnie & du Fourrier ; il l'exercera, la maintiendra en bonne discipline & police, & rendra compte à l'Adjudant de la compagnie de tous les détails qui concerneront ladite escouade.

42.

Fonctions des Caporaux.

Les Caporaux aideront les Sergens dans leurs fonctions, ils les remplaceront au besoin dans le commandement des escouades, & ils pourront eux-mêmes être suppléés par les Appointés, si les circonstances l'exigent.

43.

Corps des Mineurs, faiſant partie du Corps-royal.

Les compagnies de Mineurs ne devant point déſormais être attachées aux régimens du Corps-royal, conformément à l'article 3 du préſent Titre, Sa Majeſté entend qu'elles forment à l'avenir un Corps particulier, qui ſera cependant partie de ſon Corps-royal de l'Artillerie.

44.

Compoſition de ce Corps.

Ce Corps ſera compoſé de ſept compagnies de Mineurs, leſquelles ſeront raſſemblées dans l'École établie pour leur inſtruction.

45.

Compoſition des compagnies.

Chaque compagnie de Mineurs ſera commandée en tout temps par un Capitaine en premier, un Capitaine en ſecond, un Lieutenant en premier, & deux Lieutenans en ſecond, dont un ſera tiré du corps des Fourriers ou Sergens; & elle ſera compoſée d'un Fourrier qui aura la même autorité que ceux des régimens, quatre Sergens, huit Caporaux, huit Appointés, ſeize Mineurs, huit Apprentis & un Tambour; Sa Majeſté ſe réſervant d'augmenter, lorſqu'Elle le jugera à propos, leſdites compagnies de vingt-quatre Apprentis : Elle entend auſſi qu'en temps de guerre leſdites compagnies reçoivent une nouvelle augmentation de douze Apprentis.

46.

Formation des compagnies par eſcouades.

Les compagnies de Mineurs ſeront diviſées en huit eſcouades, dont chacune ſera commandée par un Caporal & un Appointé; deux eſcouades formeront une diviſion qui ſera commandée par un Sergent; & lorſque, par la première augmentation, ces compagnies ſeront portées à ſoixante-dix hommes, chacune des eſcouades ſera partagée en deux demi-eſcouades, dont la première ſera commandée par le Caporal, & la deuxième par l'Appointé.

7. Octobre 1774.

47.

Commandement en chef des Mineurs.

Le corps des Mineurs ſera commandé en chef par celui des Officiers généraux du Corps-royal que Sa Majeſté jugera à propos de choiſir, pour lui donner l'inſpection du corps des Mineurs & la direction de l'École qui lui eſt deſtinée.

48.

Commandement particulier.

Il ſera établi dans ce Corps un Commandant particulier, lequel ſera choiſi parmi les Capitaines : cet Officier, ſans quitter ſa compagnie, & ſans autres grades que celui qu'il aura obtenu par ſes ſervices ou par ſon rang d'ancienneté dans le tableau général du Corps-royal de l'Artillerie, commandera ſous l'autorité de l'Inſpecteur commandant en chef; & à ſon défaut l'Officier du Corps le plus élevé en grade, ou le plus ancien à grade égal, remplira ſous la même autorité, les fonctions de Commandant ; & il jouira pendant ce temps, du traitement particulier attaché à ce commandement.

49.

Établiſſement d'un Chef de brigade.

Sa Majesté a auſſi jugé à propos d'établir dans le corps des Mineurs un Chef de brigade qui dirigera les études des Officiers, ſuivra leur progrès, les claſſera, & les conduira ſur-tout dans les applications à faire de la théorie à la pratique, ſuivant les inſtructions qui ſeront données par l'Inſpecteur commandant en chef.

50.

Choix du Chef de brigade.

L'intention de Sa Majeſté étant de rendre cette place de Chef de brigade, un puiſſant motif d'émulation, Elle a réſolu de s'en réſerver la nomination, & de choiſir parmi les Officiers de Mineurs, ſans avoir égard au rang de l'ancienneté, celui qui aura donné le plus de preuves de ſon aptitude à remplir cet emploi, avec lequel l'Officier qui en ſera pourvu, conſervera la charge qu'il aura dans le corps des Mineurs.

51.

Établiſſement d'un Aide-major.

POUR que les Officiers de Mineurs ſoient moins diſtraits de l'application continuelle qu'ils ſont obligés de donner à la théorie & à la pratique des Mines, Sa Majeſté veut bien qu'ils ne ſoient pas chargés directement dans leurs compagnies des objets qui concernent la tenue, la diſcipline & les exercices qui ont purement rapport à l'Infanterie; en conſéquence, Elle ordonne qu'il ſera établi dans le corps des Mineurs, un Aide-major ſimplement Officier d'Infanterie, lequel, ſans tenir à aucune compagnie, ſera attaché à ce Corps, pour y faire, ſous l'autorité du Commandant, les fonctions de Major dans tout ce qui concerne la police, la diſcipline & le ſervice de l'Infanterie, & pour veiller ſur-tout à ce que les Adjudans chargés, ſous l'autorité de leurs Capitaines, de l'entretien du Soldat, ne négligent point les menues réparations.

52.

L'Aide-major fixé dans ſon état.

CET Aide-major ne pourra prétendre à aucun autre emploi dans le corps des Mineurs, mais il jouira des honneurs, prérogatives & appointemens accordés aux Aides-major des régimens du Corps-royal, & du traitement qui lui ſera attribué.

53.

Établiſſement des Adjudans.

LE Lieutenant en ſecond qui, dans chaque compagnie, aura été tiré du corps des Fourriers ou des Sergens, gardera toujours le rang de dernier Lieutenant de la compagnie, & y fera les fonctions d'Officier-major, avec les mêmes prérogatives, & aux mêmes charges & conditions que ceux établis dans les régimens du Corps-royal de l'Artillerie.

Il fera à la Mine le même ſervice que les autres Officiers de la compagnie.

54.

Par qui propoſés.

LORSQU'IL vaquera un emploi d'Adjudant, les

Capitaines des compagnies de Mineurs, absens comme présens, présenteront chacun un sujet non marié au Commandant en second, qui les proposera, avec son avis, à l'Inspecteur commandant en chef, lequel choisira celui qui, par ses services, sa bonne conduite & sa capacité, aura mérité le plus de devenir Officier; il le proposera ensuite au Secrétaire d'État ayant le département de la guerre, pour le faire agréer par Sa Majesté.

55.

Choix des Fourriers.

POUR remplir la place de Fourrier, les Capitaines en premier, absens comme présens, présenteront chacun un sujet au Commandant en second, qui les proposera, avec son avis, au Commandant en chef; lequel choisira celui qu'il trouvera le plus capable de remplir la place vacante.

Ce Fourrier fera le service à la Mine dans les cas de nécessité, & lorsqu'il lui sera ordonné par le Commandant de la compagnie; mais il sera spécialement chargé de faire faire au parc les approvisionnemens nécessaires pour les attaques de Mine de sa compagnie.

Il suppléera au besoin l'Adjudant dans toutes les fonctions qui lui sont attribuées.

56.

Choix des Sergens.

LORSQU'IL vaquera une place de Sergent, le Capitaine en second & les trois Lieutenans de la compagnie dans laquelle la place sera vacante, éliront sur toute la compagnie trois sujets qui sauront écrire, & qu'ils jugeront les plus dignes de remplir cet emploi. Le Capitaine en second les présentera au Capitaine en premier, lequel, avec l'agrément du Commandant, nommera celui des trois sujets qui lui paroîtra mériter la préférence; & dans le cas où il ne se trouveroit pas dans la compagnie de Soldat qui eût les qualités nécessaires pour bien remplir cette place, elle restera vacante jusqu'à ce que quelque sujet s'en soit rendu capable.

57.

Choix des Caporaux & des Appointés.

LORSQU'IL y aura une place de Caporal ou d'Appointé à remplir, le Fourrier & les Sergens de la compagnie, avec les deux premiers Caporaux, éliront sur toute la compagnie quatre sujets qu'ils jugeront avoir les qualités nécessaires pour remplir cette place; ils les présenteront au Capitaine en second, ou en son absence, au premier Lieutenant présent de la compagnie, lequel choisira, de concert avec les autres Officiers subalternes, & à la pluralité des voix, les deux sujets les plus capables, & le Capitaine en premier nommera celui des deux qui lui paroîtra mériter la préférence.

58.

Les Officiers de Mineurs, fixés dans leur service.

QUAND il s'agira de remplir une place de Mineur, le Fourrier & les Sergens, avec les deux anciens Caporaux & les deux anciens Appointés de la compagnie, s'assembleront chez le Capitaine en second, ou en son absence, chez le premier des Lieutenans présens, pour choisir trois sujets sur lesquels le Capitaine en premier en nommera un pour remplir la place vacante.

59.

Tenue & discipline.

LES Fourriers, Sergens, Caporaux & Appointés du corps des Mineurs, seront chargés dans leurs compagnies, quant aux objets qui concernent la tenue, la discipline & les exercices d'Infanterie, des mêmes fonctions qui sont prescrites à ceux de leurs grades dans les régimens du Corps-royal, par les articles 40, 41 & 42 du présent Titre.

60.

Choix des Mineurs.

SA MAJESTÉ voulant empêcher que le desir de percer dans les régimens du Corps-royal, ne détourne les Officiers de Mineurs de la partie importante dont ils sont chargés, Elle a ordonné qu'ils ne rouleront qu'entr'eux seulement pour parvenir aux compagnies du corps des Mineurs, lesquelles

lesquelles ne seront accordées, ainsi que les grades subalternes, à l'ancienneté, qu'autant qu'elle se trouvera jointe au mérite: Se réservant néanmoins Sa Majesté de faire passer les Officiers de Mineurs aux emplois des régimens, & réciproquement les Officiers des régimens aux emplois des Mineurs, suivant leur grade & leur ancienneté dans le Corps-royal, dans les cas particuliers où le bien de son service pourroit l'exiger.

61.

Ils participeront à l'avancement du Corps-royal.

QUOIQUE, suivant l'article précédent, les Officiers de Mineurs ne puissent quitter la partie des Mines pour remplir d'autres emplois dans le Corps-royal, que quand Sa Majesté le jugera convenable au bien de son service; son intention étant cependant de les traiter aussi favorablement que ceux des régimens dudit Corps-royal, Elle ordonne que les Officiers de Mineurs qui seront parvenus aux compagnies de leur Corps, rouleront avec les Capitaines desdits régimens, pour parvenir aux grades supérieurs du Corps-royal, sans cependant quitter leurs emplois ni leurs fonctions dans le corps des Mineurs.

Elle ordonne pareillement, qu'indépendamment des cinquante-six commissions de Capitaine, attribuées par l'article 16 aux plus anciens Lieutenans du Corps-royal, il en soit donné aux Lieutenans de Mineurs à l'époque où ils auroient pu les obtenir dans les régimens dudit Corps, par leur ancienneté & leur mérite; & que, dans celles des compagnies qui feront la guerre, les subalternes avancent en raison de ceux des régimens avec lesquels ils la feront.

62.

Ils obtiendront les traitemens en conséquence.

LES Officiers de Mineurs obtiendront, par leurs services ou par leur ancienneté dans le Corps-royal, tous les traitemens, appointemens & retraites accordés aux autres Officiers du Corps-royal, & tous les grades militaires, même ceux d'Officiers généraux, avec lesquels ils conserveront leurs compagnies, & continueront d'être attachés à la partie des Mines, jusqu'à ce que Sa Majesté juge à propos de leur donner d'autres fonctions.

63.

Compagnies d'Ouvriers, distribuées dans les arsenaux, & subordonnées aux Directeurs.

LES neuf compagnies d'Ouvriers, seront distribuées, pendant la paix, dans les arsenaux de construction, suivant les ordres que Sa Majesté donnera à ce sujet: ces compagnies seront subordonnées aux Directeurs desdits arsenaux pour leur service, police & discipline. Les Officiers desdites compagnies feront partie de ceux des directions, & rendront compte aux Directeurs de tous les détails dont ils seront chargés, conformément au règlement particulier arrêté par Sa Majesté pour régler leur service & leurs fonctions.

64.

Composition des compagnies d'Ouvriers.

CHAQUE compagnie d'Ouvriers sera commandée en tout temps par un Capitaine en premier, un Capitaine en second, un Lieutenant en premier & deux Lieutenans en second; & composée, quant à présent, du Fourrier qui y existe, lequel conservera son rang & sa solde; de quatre Sergens, cinq Caporaux, cinq Appointés, huit Ouvriers de la première classe, neuf Ouvriers de la seconde, sept Apprentis & un Tambour. Sa Majesté se réserve d'augmenter, lorsqu'Elle le jugera à propos, lesdites compagnies de dix Ouvriers de la première classe, huit de la seconde & trois Apprentis, pour porter chacune desdites compagnies à soixante-un hommes; Elle entend aussi qu'en temps de guerre lesdites compagnies soient augmentées de neuf Apprentis.

Lorsque la place du Fourrier qui existe actuellement dans les compagnies d'Ouvriers, deviendra vacante, elle sera remplie par un cinquième Sergent.

65.

DU nombre des cinq Sergens de chacune desdites compagnies d'Ouvriers, deux, autant que faire se pourra, seront Forgeurs ou Serruriers, deux Charrons & un Charpentier ou Menuisier : Et lorsque, par la première augmentation, les compagnies auront été portées à soixante-un hommes ; dans le nombre des cinquante-cinq Caporaux, Appointés, Ouvriers & Apprentis de chaque compagnie, il y aura vingt-six Forgeurs ou Serruriers, dix-huit Charrons & onze Charpentiers, parmi lesquels trois Menuisiers ; en attendant ladite augmentation, les escouades seront proportionnées à ces nombres autant qu'il sera possible.

66.

Division des compagnies par escouades.

LES Forgeurs & Serruriers de chaque compagnie, formeront deux escouades ; les Charrons en formeront également deux, & les Charpentiers n'en formeront qu'une ; chacune de ces cinq escouades sera commandée, autant qu'il sera possible, par un Sergent du même métier.

67.

Rang des Lieutenans en second, & d'où tirés.

LES Lieutenans en second ou Adjudans des compagnies d'Ouvriers, seront choisis parmi les Sergens non mariés ; ils auront toujours rang de derniers Lieutenans desdites compagnies ; & l'un d'eux, au choix du Capitaine, fera les fonctions d'Officier-major, ainsi qu'il est ordonné pour ceux des Mineurs & des régimens du Corps-royal : il rendra compte de ces détails au Capitaine, & même au Directeur de l'arsenal, lorsqu'il l'exigera.

68.

Par qui proposés.

LORSQU'IL vaquera une place d'Adjudant dans une compagnie d'Ouvriers, le Capitaine en premier & les trois autres Officiers de ladite compagnie, s'assembleront chez le Directeur de l'arsenal, à l'effet de choisir un sujet propre à remplir cette place. Le Directeur présidera à cette élection, qui pourra se faire, tant parmi les Sergens de la compagnie où la place sera vacante, que dans les autres compagnies qui pourront se trouver dans la même direction ; & dans ce dernier cas le Directeur appellera à cette élection deux Officiers de chacune de ces autres compagnies, pour y avoir voix délibérative. Le sujet qu'ils auront élu sera proposé par le Directeur à l'Inspecteur, qui fera passer cette élection, avec son avis, au Secrétaire d'État ayant le département de la guerre, pour le faire agréer par Sa Majesté; & s'il ne se trouvoit pas de sujet qui eût toutes les qualités requises pour être élevé au grade d'Officier, le Directeur en rendra compte au Secrétaire d'État ayant le département de la guerre, & la place restera vacante jusqu'à ce qu'il se soit fait connoître quelque sujet capable de la remplir.

69.

Fixés dans leur emploi.

CES Lieutenans en second ne pourront prétendre à passer, en vertu de leur ancienneté, à la lieutenance en premier desdites compagnies, qu'autant qu'ils l'auront méritée par des talens supérieurs & des services distingués; mais ceux d'entr'eux qui auront obtenu cette récompense, ne pourront prétendre aux emplois de Capitaine en second, qui seront réservés aux Lieutenans des régimens du Corps-royal.

70.

Choix des Sergens.

LORSQU'IL vaquera une place de Sergent dans une compagnie d'Ouvriers, les autres Sergens de ladite compagnie, s'assembleront pour indiquer trois sujets qui sachent écrire, & qu'ils croiront les plus propres à remplir la place vacante. Le Capitaine en premier, ou en son absence, le Commandant de ladite compagnie, choisira, de concert avec tous les autres Officiers présens, celui des trois qui paroîtra mériter la préférence, & il le proposera au Directeur de l'arsenal pour être agréé; & dans le cas où ce Directeur, ou bien les Officiers de cette compagnie ne trouveroient pas de sujet digne par sa conduite & ses talens, de remplir cette place, elle restera vacante jusqu'à ce qu'il s'en soit formé quelqu'un.

71.

Choix des Caporaux,

LORSQU'IL s'agira de remplir des places de Caporal, d'Appointé d'Appointé & d'Ouvrier de la première ou de la seconde classe, on élira les sujets destinés à les remplir, de la manière prescrite pour le choix des Sergens.

Appointés, & premiers Ouvriers.

72.

Les Officiers d'Ouvriers, rouleront avec ceux des régimens.

L'INTENTION de Sa Majesté étant qu'il y ait, le plus que faire se pourra, d'Officiers du Corps-royal instruits dans les constructions d'attirails & dans les détails du parc & des places, Elle veut que les Officiers qui seront choisis, par leurs talens, pour être attachés aux compagnies d'Ouvriers, ne soient pas fixés à ce seul service, mais qu'ils passent successivement aux autres emplois du Corps-royal; en conséquence, Elle ordonne qu'à l'égard des commissions de Capitaines, les Lieutenans d'Ouvriers soient traités comme ceux des Mineurs.

73.

SA MAJESTÉ voulant aussi que les Officiers des compagnies d'Ouvriers, ne perdent pas de vue les autres parties du service de l'Artillerie, Elle entend que les Lieutenans en premier desdites compagnies, soient choisis parmi les Lieutenans en premier ou les anciens Lieutenans en second des régimens; que les Capitaines en second desdites compagnies soient choisis parmi les derniers Capitaines en second desdits régimens, ou parmi les Lieutenans qui auront obtenu la commission de Capitaine; & que les Capitaines en premier des compagnies d'Ouvriers soient choisis parmi les Capitaines de Bombardiers, ou parmi les anciens Capitaines en second desdits régimens.

Les Officiers qui auront eu les compagnies d'Ouvriers, repasseront dans les régimens, pour y exercer les charges de Chefs de brigade ou de Majors, quand ils seront jugés capables de bien remplir ces emplois.

Les Lieutenans d'Ouvriers qui parviendront au grade de Capitaine, seront attachés de préférence, comme Capitaines en second, au commandement des compagnies de

Sapeurs, ou à la ſuite des Écoles, pour y reprendre les exercices dont ils auront été privés par leur ſervice dans les Ouvriers.

L'intention de Sa Majeſté eſt que, dans le paſſage des Officiers d'Ouvriers aux régimens, & des régimens aux compagnies d'Ouvriers, on rétabliſſe, autant que faire ſe pourra, l'équilibre dans l'avancement des différens régimens, s'il ſe trouvoit qu'il eût été trop dérangé par des circonſtances autres que celles de la guerre.

74.

TOUT bas Officier ou Soldat du Corps-royal, qui aura ſervi pendant huit ans, & qui deſirera continuer ſon ſervice dans le même régiment ou la même compagnie, & qui voudra contracter un nouvel engagement, aura le choix de prendre cent livres de rengagement pour ſervir huit autres années, ou cinquante livres pour quatre; ou bien de recevoir, conformément à l'Ordonnance du 16 avril 1771, trente livres dans le premier cas, & quinze livres dans le ſecond, avec un ſou de haute-paye pendant la durée de ſon ſecond engagement.

75.

CEUX qui auront ſervi ſeize ans dans le même régiment, & qui deſireront de continuer leur ſervice, auront encore le choix de prendre cent livres d'engagement pour huit années, ou cinquante livres pour quatre; ou bien de prendre trente livres pour huit années, ou quinze livres pour quatre, & de jouir, dans les deux derniers cas, de deux ſous de haute-paye pendant la durée dudit rengagement.

76.

CEUX qui, par les époques différentes des engagemens qu'ils ont contractés, ſe trouveront, à l'échéance de leurs rengagemens, n'avoir pas rempli préciſément ſeize ou vingt-quatre ans de ſervice, ſeront néanmoins admis à ſe rengager pour quatre ou huit ans, pour jouir des avantages que Sa Majeſté accorde par la préſente Ordonnance; mais ils ne commenceront à toucher la haute-paye de la claſſe dans laquelle ils entreront, que lorſqu'ils auront atteint la réſolution de ſeize ou vingt-quatre ans de ſervice.

77.

CEUX qui ayant rempli conſécutivement trois engagemens de huit ans dans le même régiment, auront acquis la vétérance, & deſireront néanmoins continuer leur ſervice, pourront chaque année contracter un nouvel engagement pour un an ſeulement; & indépendamment de la ſolde attribuée aux grades auxquels ils ſeront parvenus, ils jouiront, pendant tout le temps qu'ils reſteront au régiment, d'une haute-paye qui ſera de cinq ſous par jour pour les Fourriers & Sergens, & de quatre ſous pour ceux qui ſeront dans les grades inférieurs.

78.

CEUX qui ayant ſervi pendant ſeize ans conſécutifs dans le même régiment, & qui étant jugés hors d'état de continuer leurs ſervices, voudront ſe retirer chez eux, recevront annuellement les traitemens ſuivans.

Récompenſe pour les Soldats de ſeize ans de ſervice.

SAVOIR,

Chaque Fourrier	180 liv.
Chaque Sergent	135.
Chaque Caporal	108.
Chaque Appointé ou Artificier	90.
Chaque Soldat de la première claſſe	72.

Ils ne recevront cependant ces traitemens, qu'autant qu'ils auront ſervi huit ans dans le dernier grade; & dans le cas contraire, ils n'obtiendront que le traitement du grade inférieur au leur. Sa Majeſté leur fera délivrer en outre tous les huit ans un habit uniforme, ainſi qu'il eſt réglé pour les demi-ſoldes.

79.

CEUX qui ayant renouvelé volontairement un troiſième engagement, auront vingt-quatre ans de ſervice,

Récompenſe pour les Soldats

qui auront servi vingt-quatre ans.

pourront choisir, ou d'être reçus à l'Hôtel royal des Invalides, ou de se retirer chez eux où ils jouiront des traitemens annuels ci-après.

Savoir,

Chaque Fourrier	360$^{liv.}$
Chaque Sergent	270.
Chaque Caporal	216.
Chaque Appointé ou Artificier	180.
Chaque Soldat de la première classe	144.

Ils ne recevront cependant ces traitemens, qu'autant qu'ils auront servi huit ans dans leur dernier grade; & dans le cas contraire, ils ne toucheront que le traitement du grade inférieur au leur : Sa Majesté leur fera délivrer en outre tous les six ans un habit de vétéran.

80.

Récompense des Mineurs & des Ouvriers de seize & de vingt-quatre ans de service.

Les Mineurs & les Ouvriers seront traités, pour leurs engagemens & rengagemens, comme les Soldats des régimens du Corps-royal; & ceux qui auront contracté un second ou un troisième engagement, jouiront des prérogatives accordées, en pareil cas, aux Canonniers, Bombardiers & Sapeurs, par les articles précédens. Veut de plus Sa Majesté que, si quelques-uns des Mineurs qui auroient obtenu de se retirer avec l'un ou l'autre des traitemens accordés par lesdits articles, n'avoient point de lieu de retraite, il leur soit assigné une de ses Places contre-minées, où ils jouiront du logement, comme s'ils étoient encore attachés à leur compagnie, sans que le Sergent garde-mine, ou tout autre qui les commandera, puisse exiger d'eux d'autre service que de l'aider à la visite des contre-mines, & à veiller sur les ouvriers qui les répareront; & dans le cas où cette Place viendroit à être assiégée, ils ne seront chargés que de veiller à l'approvisionnement & à la sûreté desdites contre-mines.

81.

7. Octobre 1774.

29

81.

Officiers employés dans les Places.

INDÉPENDAMMENT du nombre d'Officiers attachés aux ſept régimens du Corps-royal, & aux compagnies de Mineurs & d'Ouvriers, Sa Majeſté entretiendra en outre pour le ſervice de l'Artillerie dans les Places, deux cents cinq Officiers; ſavoir, neuf Inſpecteurs généraux du Corps-royal, dont le premier aura titre de Directeur général, ſans néanmoins avoir d'autre autorité & d'autres fonctions que les huit autres, conformément à ce qui avoit été preſcrit par l'article XIV de l'Ordonnance du 5 novembre 1758; ſept Commandans en chef des Écoles; vingt-deux Colonels-directeurs; vingt-ſept Lieutenans-colonels, dont quatre Inſpecteurs de manufactures d'armes & vingt-trois Sous-directeurs; ſoixante-trois Capitaines en premier; & ſoixante-dix-ſept Capitaines en ſecond, dont onze ſeront attachés à chaque régiment.

Les Capitaines en ſecond des régimens qui feront la guerre, ſeront employés aux mêmes armées, à moins que des raiſons particulières ne les rendent néceſſaires à quelqu'autre ſervice.

82.

Rang conſervé à ces Officiers.

CES Officiers, quoiqu'employés dans les Places, dans les forges & fonderies, & dans les manufactures d'armes, feront cependant partie du Corps-royal; & Sa Majeſté ſe réſerve de les faire rentrer dans les régimens, & d'en faire paſſer d'autres deſdits régimens dans les Places, lorſque les circonſtances l'exigeront pour le bien de ſon ſervice & l'avancement des Officiers.

83.

Pourront être employés aux armées.

SA MAJESTÉ ſe réſerve pareillement d'employer aux Armées ces Officiers détachés dans les provinces de ſon royaume, quand Elle le jugera convenable au bien de ſon ſervice.

84.

Jouiront des mêmes honneurs

TOUS les Officiers du Corps-royal, détachés aux

que les autres Officiers du Corps. Armées ou dans les Places, jouiront des mêmes honneurs ; prérogatives & commandemens attribués à ceux qui seront attachés aux régimens dudit Corps.

85.

Service des Officiers surnuméraires. LES Officiers qui, par la présente Ordonnance, se trouveront surnuméraires dans les régimens, attendront qu'ils puissent y être employés dans leur grade ; & jusque-là ils y feront le service du grade inférieur au leur ; de sorte que les Capitaines en second surnuméraires, feront dans le Corps, le service de Lieutenant en premier ; les Lieutenans en premier, celui de Lieutenant en second ; & les Lieutenans en second tiendront lieu d'Adjudant dans les compagnies où il n'y en aura pas ; & s'il se trouvoit un nombre de Lieutenans en second plus que suffisant pour ce remplacement, le surplus seroit employé comme surnuméraire.

86.

Nombre des Commissaires des guerres, fixé. SA MAJESTÉ jugeant que le nombre des Commissaires des guerres & du Corps-royal, qui a été réduit à onze, par son Ordonnance du 23 août 1772, n'est pas suffisant pour le service des Places du royaume, Elle ordonne qu'il sera porté à celui de quinze.

87.

Fonctions des Inspecteurs généraux. SA MAJESTÉ assignera tous les ans aux Inspecteurs généraux du Corps-royal de l'Artillerie, les départemens dont ils devront faire l'inspection ; & les Officiers du Corps-royal qui seront employés dans chacun de ces départemens, leur rendront compte, pendant toute l'année, des opérations dont ils seront chargés.

Ces Inspecteurs généraux visiteront, tous les ans au moins, les principales Places de leurs départemens, & surtout celles où il y aura des travaux ordonnés ; ils prendront connoissance des réparations, constructions & approvisionnemens faits ou à faire, & vérifieront la capacité

& bonne conduite des Officiers qui y feront détachés; ainfi que des Gardes d'Artillerie & autres Employés; ils infpecteront les régimens du Corps-royal & les compagnies d'Ouvriers, & tiendront la main à ce que le meilleur ordre poffible foit établi & entretenu dans les manufactures, ainfi que dans les arfenaux de conftruction & autres; ils rendront compte du tout au Secrétaire d'État ayant le département de la guerre.

88.

Ils jouiront des prérogatives des autres Infpecteurs généraux.

CES Infpecteurs généraux d'Artillerie, jouiront, fuivant leur grade, dans l'étendue de leurs départemens, des honneurs, prérogatives & prééminences dont jouiffent les autres Infpecteurs généraux des Troupes de Sa Majefté lorfqu'ils font en fonction.

89.

Conservation des anciennes Écoles.

LES anciennes Écoles feront confervées au nombre de fept, & elles continueront d'être établies dans les villes défignées pour les garnifons ordinaires des fept régimens du Corps-royal; il en fera de même pour l'École des Mineurs.

90.

Emplois de Gardes d'Artillerie & d'Artificiers; par qui remplis

LES emplois de Garde-magafins d'Artillerie qui vaqueront, feront remplis par des Officiers de fortune ou des Fourriers & Sergens choifis dans le Corps-royal de l'Artillerie, ou enfin par des Conducteurs du charroi, choifis de même parmi ceux qui auront fervi à la fuite des équipages employés à la guerre; & les emplois d'Artificiers dans les Places feront remplis de préférence par les Officiers de fortune des compagnies de Bombardiers, ou par des Sergens qui auront mérité cette récompenfe par leurs talens & leurs bons fervices. Sa Majefté défend expreffément de propofer tout autre fujet pour ces emplois, fous quelque prétexte que ce foit.

Les Officiers qui occuperont les places d'Artificiers, auront le titre d'Officiers de Bombardiers attachés auxdites Places.

91.

Officiers du Corps, admis de préférence dans les compagnies de Canonniers Invalides.

SA MAJESTÉ ayant créé, par ſes Ordonnances des 1.er mars 1756 & 21 mai 1766, huit compagnies de Soldats invalides tirés du Corps-royal de l'Artillerie; Elle veut & ordonne que les places d'Officiers deſdites compagnies, à meſure qu'elles viendront à vaquer, ſoient remplies par des Adjudans ou Quartier-maîtres, par des Fourriers ou par des Sergens de diſtinction choiſis dans le Corps-royal, conformément à l'Ordonnance du 15 décembre 1758, d'après le compte qui en ſera rendu annuellement par les Inſpecteurs généraux dudit Corps au Secrétaire d'État ayant le département de la guerre.

92.

Paye en paix & en guerre.

LES mêmes conſidérations qui ont porté Sa Majeſté à régler aux Troupes de ſon Infanterie, une paye de paix & une paye de guerre, l'ont auſſi engagée à accorder le même traitement en proportion aux ſept régimens de ſon Corps-royal de l'Artillerie, ainſi qu'aux compagnies de Mineurs & d'Ouvriers, & aux Officiers des directions, ſoit en campagne, ſoit dans les Places; en conſéquence Elle veut que les appointemens & ſolde leur ſoient payés ſur le pied ci-après.

Officiers des Compagnies.	EN TEMPS DE PAIX.			EN TEMPS DE GUERRE.		
	Par jour.	Par mois.	Par an.	Par jour.	Par mois.	Par an.
A chacun des deux plus anciens Capitaines de Canonniers de chaque régiment, ſept livres dix ſous par jour en temps de paix; & dix livres cinq ſous ſix deniers deux tiers en temps de guerre, ci.	7^{l} 10^{s} ″^{d}	225^{l} ″^{s} ″^{d}	2700^{l}	10^{l} 5^{s} 6$^{d}\frac{2}{3}$	308^{l} 6^{s} 8^{d}	3700^{l}
A chacun des douze autres Capitaines de Canonniers, ſix livres treize ſous quatre deniers en paix; & neuf livres huit ſous dix deniers deux tiers en guerre, ci	6. 13. 4	200. ″ ″	2400.	9. 8. 10$\frac{2}{3}$	283. 6. 8	3400.
A chacun des quatre Capitaines de Bombardiers, ſix livres deux ſous deux deniers deux tiers en paix; & huit livres dix-ſept ſous neuf deniers un tiers en guerre, ci...	6. 2. 2$\frac{2}{3}$	183. 6. 8	2200.	8. 17. 9$\frac{1}{3}$	266. 13. 4	3200.

Au

7. Octobre 1774.

	EN TEMPS DE PAIX.			EN TEMPS DE GUERRE.		
	Par jour.	Par mois.	Par an.	Par jour.	Par mois.	Par an.
Au plus ancien Capitaine de Mineurs & au plus ancien Capitaine d'Ouvriers, ſept livres dix ſous par jour en paix ; & dix livres cinq ſous ſix deniers deux tiers en guerre, ci.	7^{l} 10^{s} ″^{d}	225^{l} ″^{s} ″^{d}	2700^{l}	10^{l} 5^{s} 6$^{d}\frac{2}{3}$	308^{l} 6^{s} 8^{d}	3700^{l}
A chacun des autres Capitaines de Mineurs & d'Ouvriers, ſix livres treize ſous quatre deniers en paix ; & neuf livres huit ſous dix deniers deux tiers en guerre, ci.	6. 13. 4	200. ″ ″	2400.	9. 8. $10\frac{2}{3}$	283. 6. 8	3400.
A chacun des Capitaines en ſecond des compagnies de Sapeurs, quatre livres trois ſous quatre deniers en paix ; & ſix livres dix-huit ſous dix deniers deux tiers en guerre, ci.	4. 3. 4	125. ″ ″	1500.	6. 18. $10\frac{2}{3}$	208. 6. 8	2500.
A chacun des Capitaines en ſecond des Mineurs & d'Ouvriers, quatre livres trois ſous quatre deniers en paix ; & cinq livres onze ſous un denier un tiers en guerre, ci.	4. 3. 4	125. ″ ″	1500.	5. 11. $1\frac{1}{3}$	166. 13. 4	2000.
A chacun des Lieutenans en premier des régimens & des compagnies de Mineurs & d'Ouvriers, deux livres dix ſous en paix ; & trois livres douze ſous deux deniers deux tiers en guerre, ci.	2. 10. ″	75. ″ ″	900.	3. 12. $2\frac{2}{3}$	108. 6. 8	1300.
A chacun des Lieutenans en ſecond des régimens & des compagnies de Mineurs, deux livres en paix ; & deux livres ſeize ſous huit deniers en guerre, ci.	2. ″ ″	60. ″ ″	720.	2. 16. 8	85. ″ ″	1020.
A chacun des Adjudans, deux livres ſix ſous huit deniers en paix ; & trois livres treize ſous quatre deniers en guerre, ci.	2. 6. 8	70. ″ ″	840.	3. 13. 4	110. ″ ″	1320.
Compagnies de Canonniers, Bombardiers & Sapeurs.						
A chaque Fourrier, une livre dix ſous par jour en paix ; & une livre dix ſous quatre deniers en guerre, ci.	1. 10. ″	45. ″ ″	540.	1. 10. 4	45. 10. ″	546.
A chaque Sergent, une livre dix deniers en paix ; & une livre						

	EN TEMPS DE PAIX.			EN TEMPS DE GUERRE.		
	Par jour.	Par mois.	Par an.	Par jour.	Par mois.	Par an.
un ſou deux deniers en guerre, ci.	1^{l} $″^{s}$ 10^{d}	31^{l} 5^{s} $″^{d}$	375^{l}	1^{l} 1^{s} 2^{d}	31^{l} 15^{s} $″^{d}$	381^{l}
A chaque Caporal, quatorze ſous huit deniers en paix; & quinze ſous en guerre, ci.	″ 14. 8	22. ″ ″	264.	″ 15. ″	22. 10. ″	270.
A chaque Appointé, onze ſous huit deniers en paix; & douze ſous en guerre, ci.	″ 11. 8	17. 10. ″	210.	″ 12. ″	18. ″ ″	216.
A chaque Artificier, dix ſous huit deniers en paix; & onze ſous en guerre, ci.	″ 10. 8	16. ″ ″	192.	″ 11. ″	16. 10. ″	198.
A chaque Canonnier, Bombardier & Sapeur de la première claſſe, neuf ſous huit deniers en paix; & dix ſous en guerre, ci. . .	″ 9. 8	14. 10. ″	174.	″ 10. ″	15. ″ ″	180.
A chaque Canonnier, Bombardier & Sapeur de la ſeconde claſſe, ſept ſous deux deniers en paix; & ſept ſous ſix deniers en guerre, ci.	″ 7. 2	10. 15.	129.	″. 7. 6	11. 5. ″	135.
A chaque Canonnier, Bombardier & Sapeur-apprenti, ſix ſous deux deniers en paix; & ſix ſous ſix deniers en guerre, ci. . .	″ 6. 2	9. 5. ″	111.	″ 6. 6	9. 15. ″	117.
A chaque Tambour, neuf ſous huit deniers en paix; & dix ſous en guerre, ci.	″ 9. 8	14. 10. ″	174.	″ 10. ″	15. ″ ″	180.
Compagnies de Mineurs.						
A chaque Fourrier, une livre dix ſous par jour en paix; & une livre dix ſous quatre deniers en guerre, ci.	1. 10. ″	45. ″ ″	540.	1. 10. 4	45. 10. ″	546.
A chaque Sergent, une livre dix deniers en paix; & une livre un ſou deux deniers en guerre, ci.	1. ″ 10	31. 5. ″	375.	1. 1. 2	31. 15. ″	381.
A chaque Caporal, quatorze ſous huit deniers en paix; & quinze ſous en guerre, ci.	″ 14. 8	22. ″ ″	264.	″ 15. ″	22. 10. ″	270.
A chaque Appointé, onze ſous huit deniers en paix; & douze ſous en guerre, ci.	″ 11. 8	17. 10. ″	210.	″ 12. ″	18. ″ ″	216.
A chaque Mineur, dix ſous huit deniers en paix; & onze ſous en guerre, ci.	″ 10. 8	16. ″ ″	192.	″ 11. ″	16. 10. ″	198.

	EN TEMS DE PAIX.			EN TEMPS DE GUERRE.		
	Par jour.	Par mois.	Par an.	Par jour.	Par mois.	Par an.
A chaque Apprenti, sept sols deux deniers en paix ; & sept sous six deniers en guerre, ci......	″l 7s 2d	10l 15s ″d	129l	″l 7s 6d	11l 5s ″d	135l
A chaque Tambour, neuf sous huit deniers en paix ; & dix sous en guerre, ci..............	″ 9. 8	14. 10. ″	174.	″ 10. ″	15. ″ ″	180.
Compagnies d'Ouvriers.						
A chaque Sergent, une livre dix deniers en paix ; & une livre un sou deux deniers en guerre, ci......................	1. ″ 10	31. 5. ″	375.	1. 1. 2	31. 15. ″	381.
A chaque Caporal, dix-huit sous deux deniers en paix ; & dix-huit sous six deniers en guerre, ci......................	″ 18. 2	27. 5. ″	327.	″ 18. 6	27. 15. ″	333.
A chaque Appointé, seize sous deux deniers en paix ; & seize sous six deniers en guerre, ci......	″ 16. 2	24. 5. ″	291.	″ 16. 6	24. 15. ″	297.
A chaque Ouvrier de la première classe, quinze sous deux deniers en paix ; & quinze sous six deniers en guerre, ci........	″ 15. 2	22. 15. ″	273.	″ 15. 6	23. 5. ″	279.
A chaque Ouvrier de la seconde classe, douze sous deux deniers en paix ; & douze sous six deniers en guerre, ci..............	″ 12. 2	18. 5. ″	219.	″ 12. 6	18. 15. ″	225.
A chaque Apprenti, dix sous deux deniers en paix ; & dix sous six deniers en guerre, ci.....	″ 10. 2	15. 5. ″	183.	″ 10. 6	15. 15. ″	189.
A chaque Tambour, neuf sous huit deniers en paix, & dix sous en guerre, ci.............	″ 9. 8	14. 10. ″	174.	″ 10. ″	15. ″ ″	180.
État-major des régimens.						
Au Colonel de chaque régiment, treize livres six sous huit deniers par jour en paix ; & vingt-sept livres quatre sous cinq deniers un tiers en guerre, ci........	13. 6. 8	400. ″ ″	4800.	27. 4. 5⅓	816. 18. 4	9800.
Traitement attaché au commandement du régiment, trois livres six sous huit deniers, ci......	3. 6. 8	100. ″ ″	1200.			
Au Lieutenant-colonel de chaque régiment, neuf livres quatorze sous cinq deniers un tiers en paix ; & quinze livres cinq						

	EN TEMPS DE PAIX.			EN TEMPS DE GUERRE.		
	Par jour.	Par mois.	Par an.	Par jour.	Par mois.	Par an.
ſous ſix deniers deux tiers en guerre, ci.	$9^{l}\ 14^{ſ}\ 5^{d}\frac{1}{3}$	$291^{l}\ 13^{ſ}\ 4^{d}$	3500^{l}	$15^{l}\ 5^{ſ}\ 6^{d}\frac{2}{3}$	$458^{l}\ 6^{ſ}\ 8^{d}$	5500^{l}
A chaque Chef de brigade & Major n'ayant pas de compagnie de Sapeurs, huit livres ſix ſous huit deniers en paix; & treize livres dix-ſept ſous neuf deniers un tiers en guerre, ci.	8. 6. 8	250. // //	3000.	13. 17. $9\frac{1}{3}$	416. 13. 4	5000.
A chaque Chef de brigade ayant une compagnie de Sapeurs, huit livres ſept ſous ſix deniers en paix; & quatorze livres un ſou un denier un tiers en guerre, ci.	8. 7. 6	251. 5. //	3015.	14. 1. $1\frac{1}{3}$	421. 13. 4	5060.
Traitement accordé à chaque Major pour frais de correſpondance, qui, en ſon abſence, paſſera à l'Aide-major, une livre deux ſous deux deniers deux tiers, ci.	1. 2. $2\frac{2}{3}$	33. 6. 8	400.			
A chaque Aide-major, quatre livres trois ſous quatre deniers en paix; & ſix livres treize ſous quatre deniers en guerre, ci.	4. 3. 4	125. // //	1500.	6. 13. 4	200. // //	2400.
Traitement accordé à chaque Aide-major pour frais de bureau, qui, en ſon abſence, paſſera au premier Sous-aide-major préſent, ſeize ſous huit deniers par jour, ci. .	// 16. 8	25. // //	300.			
A chaque Sous-aide-major, deux livres dix ſous en paix; & quatre livres huit ſous dix deniers deux tiers en guerre, ci.	2. 10. //	75. // //	900.	4. 8. $10\frac{2}{3}$	133. 6. 8	1600.
A chaque Quartier-maître, deux livres ſix ſous huit deniers en paix; & quatre livres trois ſous quatre deniers en guerre, ci. . . .	2. 6. 8	70. // //	840.	4. 3. 4	125. // //	1500.
A chaque Tréſorier, quatre livres trois ſous quatre deniers en paix; & ſix livres treize ſous quatre deniers en guerre, ci.	4. 3. 4	125. // //	1500.	6. 13. 4	200. // //	2400.
A chaque Tambour-major, une livre deux ſous deux deniers deux tiers en tout temps, ci. . . .	1. 2. $2\frac{2}{3}$	33. 6. 8	400.	1. 2. $2\frac{2}{3}$	33. 6. 8	400.
A chaque Muſicien, neuf ſous huit deniers en paix; & dix ſous en guerre, ci.	// 9. 8	14. 10. //	174.	// 10. //	15. // //	180.
A chaque Aumônier, une livre ſept ſous dix deniers en paix;						

& deux

	EN TEMPS DE PAIX.			EN TEMPS DE GUERRE.		
	Par jour.	Par mois.	Par an.	Par jour.	Par mois.	Par an.
& deux livres six deniers deux tiers en guerre, ci.	$1^l\ 7^s\ 10^d$	$41^l 15^s$ ״^{d}	501^l	2^l ״$^s\ 6^d \frac{2}{3}$	$60^l 16^s 8^d$	730^l
A chaque Chirurgien, une livre treize sous quatre deniers en paix; & trois livres six sous huit deniers en guerre, ci.	1. 13. 4	50. ״ ״	600.	3. 6. 8	100. ״ ״	1200.
État-major des Mineurs.						
Au Commandant en chef, trente-trois livres six sous huit deniers, ci.	33. 6. 8	1000. ״ ״	12000.			
Traitement accordé au commandement particulier de ce corps, six livres treize sous quatre deniers, ci.	6. 13. 4	200. ״ ״	2400.			
A l'Aide-major, quatre livres trois sous quatre deniers, ci. . . .	4. 3. 4	125. ״ ״	1500.			
Traitement qui lui est accordé pour frais de correspondance & de bureau, une livre seize sous huit deniers, ci.	1. 16. 8	55. ״ ״	660.			
OFFICIERS employés dans les Places.						
Au Directeur général actuel, soixante-six livres treize sous quatre deniers, ci.	66. 13. 4	2000. ״ ״	24000.			
A chaque Inspecteur, Officier général, trente-trois livres six sous huit deniers, ci.	33. 6. 8	1000. ״ ״	12000.			
A chaque Inspecteur ayant grade de Brigadier ou de Colonel, vingt-cinq livres, ci.	25. ״. ״	750. ״. ״	9000.			
A chaque Commandant d'École, Officier général, seize livres treize sous quatre deniers, ci. . .	16. 13. 4	500. ״ ״	6000.			
A chaque Commandant d'École, non Officier général, treize livres six sous huit deniers, ci. .	13. 6. 8	400. ״ ״	4800.			
Traitement attaché au commandement des Écoles des régimens, six livres treize sous quatre deniers, ci.	6. 13. 4	200. ״ ״	2400.			
A chacun des vingt Colonels-directeurs, treize livres six sous huit deniers, ci.	13. 6. 8	400. ״ ״	4800.			

	EN TEMPS DE PAIX.			EN TEMPS DE GUERRE.		
	Par jour.	Par mois.	Par an.	Par jour.	Par mois.	Par an.
A chacun des deux autres Colonels-directeurs, onze livres deux sous deux deniers deux tiers, ci	$11^{l}\ 2^{s}\ 2^{d}\frac{2}{3}$	$333^{l}\ 6^{s}\ 8^{d}$	4000^{l}			
Traitement accordé à chacun des cinq Directeurs d'arsenaux de construction, deux livres quatre sous cinq deniers un tiers, ci...	2. 4. $5\frac{1}{3}$	66. 13. 4	800.			
A chacun des vingt Lieutenans-colonels, Sous-directeurs & Inspecteurs de manufactures d'armes, neuf livres six sous huit deniers, ci...............	9. 6. 8	280. ″ ″	3360.			
A chacun des sept autres Lieutenans-colonels, Sous-directeurs, huit livres six sous huit deniers, ci.....................	8. 6. 8	250. ″ ″	3000.			
A chacun des vingt Capitaines en premier, six livres treize sous quatre deniers, ci...........	6. 13. 4	200. ″ ″	2400.			
A chacun des quarante-trois autres Capitaines en premier, cinq livres onze sous un denier un tiers, ci.....................	5. 11. $1\frac{1}{3}$	166. 13. 4	2000.			
A chacun des Capitaines en second, quatre livres trois sous quatre deniers en paix; & cinq livres onze sous un denier un tiers en guerre, ci.............	$4^{l}\ 3^{s}\ 4^{d}$	125^{l} ″ ″	1500^{l}	$5^{l}\ 11^{s}\ 1^{d}\frac{1}{3}$	$166^{l}\ 13^{s}\ 4^{d}$	2000^{l}

VOULANT Sa Majesté que la paye de guerre ne soit donnée qu'à ceux desdits régimens, & à celles desdites compagnies de Mineurs & d'Ouvriers qui serviront en campagne, & que les autres qui demeureront en garnison pendant la guerre ne touchent que la paye réglée pour le temps de paix. Si cependant quelques-uns de ces régimens ou compagnies venoient à être rappelés de l'armée pour être jetés dans quelques Places ou postes menacés, l'intention de Sa Majesté est qu'ils continuent de jouir du traitement de guerre jusqu'à la fin de la campagne, comme s'ils étoient restés à ladite armée: Veut aussi Sa Majesté, que, lorsque le Commandant d'un régiment jouira du traitement attaché au commandement de l'École, l'Officier qui le ſuivra dans ledit régiment jouiſſe du traitement attaché au commandement du régiment.

93.

Si dans les changemens qu'occaſionnera la nouvelle compoſition du Corps-royal, il ſe trouvoit des bas Officiers ou Soldats dont la paye fût moindre que celle qu'ils avoient précédemment; Sa Majeſté entend qu'ils conſervent l'ancienne juſqu'à ce qu'ils ſoient parvenus à une place dont la paye ſoit équivalente.

Elle entend auſſi que les Officiers qui ſe trouveront excéder le nombre fixé par la préſente Ordonnance, conſervent les appointemens dont ils jouiſſoient par leurs grades, quand même ils ſeroient employés dans un grade inférieur, ſoit dans les régimens ou dans les Places.

Quant aux appointemens attachés aux emplois par l'Ordonnance de 1772, ceux des Officiers qui conſerveront ces emplois, tant aux écoles qu'aux régimens, & dont les appointemens ſe trouveront diminués par la préſente Ordonnance, recevront en ſus des appointemens & traitemens qu'Elle fixe, les ſupplémens ci-après.

SAVOIR,

	liv.
Les Commandans d'École qui ne ſeront pas Officiers généraux	300
Les Colonels des régimens	300.
Les Lieutenans-colonels des régimens	500.
Les Majors	200.
Les Aides-major	360.
Les Sous-aides-major	180.
Les 3.me & 4.me Capitaines des Canonniers	300.

Si quelques-uns des Aides-major ſupprimés par la préſente Ordonnance, n'avoient pas les appointemens de Capitaine en ſecond, Sa Majeſté entend qu'ils jouiſſent du ſupplément attribué ci-deſſus aux Aides-major, juſqu'à ce qu'ils ſoient pourvus d'un emploi de Capitaine en ſecond, & non au-delà.

94.

Traitement en guerre aux Officiers qui seront tirés des Places.

Il sera accordé un traitement extraordinaire à ceux des Inspecteurs généraux du Corps-royal, qui seront nommés pour commander l'Artillerie en chef aux armées, aux Officiers supérieurs qui y commanderont en second, ainsi qu'aux Majors & Aides-major du Corps, & aux Directeurs & Sous-directeurs du parc qui seront nommés par Sa Majesté. A l'égard des Directeurs, Sous-directeurs & Capitaines en premier employés dans les Places du royaume, lorsqu'ils seront envoyés aux armées, ils jouiront des appointemens & traitemens accordés pour le temps de guerre aux Officiers des mêmes grades dans les régimens dudit Corps-royal.

95.

Retenue pour linge & chaussure.

Sur la solde de paix réglée à chaque Fourrier, Sergent, Caporal, Appointé, Canonnier, Artificier, Bombardier, Sapeur, Mineur, Ouvrier, Apprenti & Tambour du Corps-royal, il sera affecté vingt deniers par jour pour chaque Fourrier & Sergent, & douze deniers pour chacun des autres, pour s'entretenir de linge & chaussure; & sur la solde qui leur est réglée pour le temps de guerre, il sera pareillement affecté, au même usage, vingt-quatre deniers pour chaque Fourrier & Sergent, & seize deniers pour chacun des autres. Les décomptes de ces retenues seront faits tous les quatre mois par l'Adjudant, la compagnie étant assemblée en présence de celui qui la commandera; & le Commandant sera tenu de faire la visite du linge & chaussure, & d'ordonner les réparations qu'il jugera nécessaires. L'argent du décompte sera remis entre les mains du Sergent de chaque escouade; chaque Soldat fera son emplette lui-même où il le jugera à propos, en présence de son Sergent qui la payera, & remettra sur le champ audit Soldat le surplus de ce décompte.

96.

Lorsqu'un Soldat du Corps-royal, qui aura été absent par

par congé, rejoindra sa compagnie, sans être convenablement pourvu de linge & chaussure, après qu'on aura employé, pour l'en pourvoir, l'argent de la retenue des douze & seize deniers ordonnés par l'article précédent, il sera prélevé, sur ce qui lui sera dû de sa solde, la somme nécessaire pour y suppléer, & même pour réparer son habillement, dans le cas où il seroit reconnu en mauvais état par défaut d'entretien.

97.

Traitement des détachemens aux Colonies.

LORSQUE Sa Majesté jugera à propos d'envoyer des détachemens de son Corps-royal aux Colonies, Elle entend qu'en temps de paix les Officiers & Soldats qui composeront lesdits détachemens, touchent la moitié en sus des appointemens & solde réglés par l'article 92 du présent Titre; & que, lorsqu'ils s'embarqueront en temps de guerre, ils touchent de même la moitié en sus des appointemens & solde réglés pour le temps de guerre; & ce, à compter du jour de leur embarquement, jusqu'à celui de leur rentrée en France.

98.

Avances qu'ils recevront.

LES détachemens qui auront ordre de s'embarquer, recevront une avance de trois mois d'appointemens & solde, sur le pied réglé pour les Colonies; ils recevront de plus leur subsistance par gratification, sur les vaisseaux qui les transporteront à leur destination, soit en allant, soit en revenant, sans que pour raison de cette subsistance, il puisse leur être fait d'autre retenue que celle d'un palteau ou redingote, & d'une culotte à la marinière.

99.

Par qui payés.

LES appointemens & solde du Corps-royal seront payés par le Trésorier général du Corps-royal de l'Artillerie; mais lorsque quelques détachemens de ce Corps seront commandés pour passer aux Colonies, le supplément d'appointemens & de solde qui leur est accordé par l'article 97 du présent Titre, sera pris sur les fonds affectés au service des Colonies.

100.

Capitaines de Mineurs & d'Ouvriers, chargés du détail de leurs compagnies.

Les compagnies de Mineurs & d'Ouvriers étant destinées à être détachées dans les différentes armées & dans les Places, & les Capitaines de ces compagnies étant alors dans la nécessité de faire les détails de leur subsistance, Sa Majesté a jugé à propos que lesdits Capitaines en soient chargés dans tous les temps. En conséquence, Elle entend que le Trésorier général de l'Artillerie les fasse payer par ses Commis employés dans les Places où se trouveront les compagnies de Mineurs & d'Ouvriers; & en campagne, par ceux qui seront attachés aux équipages d'Artillerie, lesquels fourniront tous les mois à chacun des Capitaines desdites compagnies, l'argent nécessaire, tant pour la subsistance, que pour les menues réparations; & tous les quatre mois, le montant de la retenue faite pour linge & chaussure, dont lesdits Capitaines arrêteront les décomptes avec lesdits Commis du Trésorier général.

Lorsque ces compagnies quitteront l'armée ou le lieu de leur garnison, les Capitaines arrêteront pareillement le décompte avec le Commis du Trésorier, qui leur donnera une reconnoissance des fonds qui lui resteront en Caisse sur ces différentes parties, ainsi que sur les Masses des Recrues qui seront établies ci-après; laquelle reconnoissance sera présentée à l'Inspecteur général, pour vérifier l'état de la Caisse de chaque Troupe, & en ordonner.

101.

Établissement d'une Masse pour les Recrues.

Il sera établi une Masse pour les Recrues de chacune des compagnies de Canonniers, Bombardiers, Sapeurs, Mineurs & Ouvriers: cette masse sera de vingt-deux livres par homme sur le pied complet, & servira à la levée des Recrues & au rengagement des anciens Canonniers, Bombardiers, Sapeurs, Mineurs & Ouvriers; elle sera payée chaque mois avec la solde, & remise pour les régimens à la Caisse de chacun d'eux; & pour les compagnies de Mineurs & d'Ouvriers, aux Capitaines ou Commandans desdites compagnies. Il sera rendu compte tous les trois mois au Secrétaire d'État ayant le département de la guerre, de l'emploi des deniers de ladite Maſſe, & les décomptes généraux ſeront arrêtés par les Inſpecteurs généraux, lors de la revue de leur inſpection : on prélevera ſur cette maſſe ce qui ſera néceſſaire pour fournir au payement des hautes-payes accordées par l'Ordonnance du 9 décembre 1771.

102.

LES hommes de recrues néceſſaires pour compléter les régimens & les compagnies de Mineurs & d'Ouvriers, ne pourront être reçus au-deſſous de la taille de cinq pieds trois pouces ſix lignes, meſurés pieds nus, & qu'ils ne ſoient forts & de bonne conſtitution.

103.

Déſenſe de donner des congés abſolus aux Soldats des régimens.

DÉFEND Sa Majeſté à tous les Officiers des régimens du Corps-royal, de donner à l'avenir aucun congé abſolu, que conformément aux Ordonnances concernant les autres Troupes.

104.

Capitaines de Mineurs & d'Ouvriers, chargés de leurs Recrues.

LES Mineurs & les Ouvriers devant être tous gens choiſis & inſtruits, autant qu'il ſe pourra, dans les métiers propres à leur ſervice; l'intention de Sa Majeſté eſt que les Capitaines de Mineurs & d'Ouvriers continuent de recruter leurs compagnies par eux-mêmes & par le ſecours des Officiers qui y ſeront attachés; en obſervant, pour les Mineurs, de ſe procurer dans chaque compagnie au moins trois Menuiſiers ou Charpentiers, un Forgeur qui ſoit Taillandier, s'il eſt poſſible, & le plus de Maçons & de Tailleurs de pierres que faire ſe pourra; & pour les Ouvriers, de n'engager que des hommes déjà inſtruits dans les métiers propres au ſervice des compagnies.

105.

Conditions ſous leſquelles il leur eſt permis

LES Capitaines de Mineurs, avec l'agrément de leur Commandant en chef, & les Capitaines d'Ouvriers avec celui de l'Inſpecteur général du département, auront la *de donner des congés absolus.*

liberté de renvoyer les Soldats de leurs compagnies qui se trouveront sans aptitude & peu convenables pour le service; les Capitaines d'Ouvriers auront soin de faire connoître l'incapacité desdits Soldats au Directeur sous les ordres duquel ils se trouveront, & celui-ci en rendra compte à l'Inspecteur général.

106.

Armement & équipement fournis par le Roi.

SA MAJESTÉ fera fournir désormais aux sept régimens du Corps-royal & aux compagnies de Mineurs & d'Ouvriers, l'armement & l'équipement dont ils pourront avoir besoin.

107.

Masse pour l'habillement.

LA Masse pour l'habillement des sept régimens & des compagnies de Mineurs & d'Ouvriers du Corps-royal, sera établie sur le pied de vingt-quatre deniers par jour pour chaque Fourrier, Sergent, Tambour-major, Musicien & Tambour, y compris un sou dont Sa Majesté a jugé à propos d'augmenter la Masse desdits Tambours, & de douze deniers pour chaque Caporal, Appointé, Canonnier, Bombardier, Artificier, Sapeur, Mineur & Ouvrier; laquelle Masse sera toujours payée sur le pied complet, & restera entre les mains du Trésorier général du Corps-royal ou de ses Commis; Sa Majesté se réservant l'administration directe de ladite Masse, dont l'emploi sera fait en conséquence des ordres qu'Elle donnera pour faire habiller & équiper lesdits régimens & compagnies.

108.

Petite Masse d'entretien.

QUANT aux réparations journalières qu'il sera nécessaire de faire à l'habillement, équipement & armement desdits régimens & compagnies de Mineurs & d'Ouvriers, Sa Majesté fera fournir pour chaque homme une Masse de six livres par an en tout temps, laquelle sera payée sur le pied complet, & remise tous les mois à la Caisse de chaque régiment pour ce qui concerne les régimens, & entre les mains du Commis du Trésorier général du Corps-royal pour

pour ce qui concerne les compagnies de Mineurs & d'Ouvriers. Cette Masse sera employée aux susdites réparations par les Adjudans de chaque compagnie, sous la direction des Aides-major & l'inspection des Majors des régimens; & pour ce qui concerne les compagnies de Mineurs, sous l'inspection de l'Aide-major de ce Corps. Quant à celles d'Ouvriers, les Adjudans feront l'emploi de ladite Masse sous la direction des Capitaines ou Commandans desdites compagnies.

109.

Administration de ladite Masse.

CHAQUE Adjudant des régimens & du corps des Mineurs, remettra tous les mois à l'Aide-major un état détaillé des recettes & dépenses de ladite Masse, certifié par le Capitaine de la compagnie. De ces différens états, il en sera formé, à chaque revue d'inspection, un état général signé de l'Aide-major & du Trésorier, vérifié par le Major, & visé par le Commandant du régiment; & pour le corps des Mineurs, par le Commandant dudit Corps: cet état sera adressé au Secrétaire d'État ayant le département de la guerre. Dans chaque compagnie d'Ouvriers, ainsi que dans celles de Mineurs qui seront détachées, l'Adjudant remettra au Commandant de la compagnie, à la fin de chaque mois, un pareil état détaillé de recette & de dépense de ladite Masse, signé de lui & de deux Officiers de la compagnie; ce Commandant le visera, & tous les ans il en sera arrêté un état général signé de l'Adjudant, vérifié par le Commandant de la compagnie, pour être ensuite adressé au Secrétaire d'État ayant le département de la guerre.

110.

Un sou pour l'entretien des caisses.

L'INTENTION de Sa Majesté est que, sur cette Masse de six livres par an, il soit donné à chaque Tambour une haute-paye d'un sou par jour, au moyen de laquelle lesdits Tambours devront entretenir leurs caisses de peaux & de cordages, & se fournir de baguettes. Il sera prélevé en outre sur la petite Masse des compagnies de Mineurs, un ſou par jour pour celui des ſept Tambours qui aura été choiſi par l'Aide-major du Corps pour être Maître-tambour deſdites compagnies, & avoir ſur les autres Tambours le rang & l'autorité de Caporal.

Les frais de regiſtres, d'imprimés, de papier, encre, cire d'Eſpagne, plumes & autres menues dépenſes que la régie des régimens & compagnies de Mineurs & d'Ouvriers pourra occaſionner, ſeront compris dans les états de dépenſes, & payés ſur la Maſſe affectée à l'entretien de chacune deſdites Troupes.

III.

Retenue des quatre deniers pour livre.

VEUT Sa Majeſté que, dans tous les temps, les Capitaines jouiſſent de leurs appointemens en entier, à la ſeule retenue qui leur ſera faite des quatre deniers pour livre, tant deſdits appointemens, que du montant de la ſolde des hommes de leurs compagnies, dont la paye ſera moindre que ſept ſous par jour. A l'égard des autres Officiers & des hautes-payes, ils ſupporteront eux-mêmes, ſur leurs appointemens & ſolde, ladite retenue de quatre deniers pour livre.

II2.

Bourſe du Soldat.

L'INTENTION de Sa Majeſté étant qu'il ſoit formé dans chaque régiment de ſon Corps-royal, & dans chaque compagnie de Mineurs & d'Ouvriers, une Maſſe qui recevra toutes les années de nouveaux accroiſſemens, & qui ſera dépoſée dans la Caiſſe du régiment ou de la compagnie, Elle ordonne que, lors du décompte à faire à chaque Fourrier, Sergent ou Soldat qui aura été abſent par congé limité, il ſoit prélevé, ſur la ſolde entière, la retenue du linge & chauſſure, & celle des quatre deniers pour livre pour ceux qui ſeront dans le cas de la ſupporter; que du reſtant de ladite ſolde il en ſoit donné moitié au Sergent ou Soldat qui aura rejoint à l'expiration de ſon congé, l'autre moitié devant être miſe dans ladite Caiſſe; que ceux qui ne rejoindront que dans l'eſpace de trente jours après l'expiration de leurs congés, ne touchent

3. Octobre 1774.

que le quart du reſtant de ladite ſolde, les trois autres quarts devant être remis dans ladite Caiſſe; & enfin que ceux qui rejoindront après que les trente jours ſeront paſſés, ne touchent rien du reſtant de leur ſolde, laquelle ſera remiſe en entier dans la Caiſſe: bien entendu cependant que, ſur ce qui devra être remis au Soldat ou à la bourſe commune, il ſera fait la retenue ordonnée par l'article 108 du préſent Titre pour l'entretien.

113.

Répartition de cette bourſe.

Il ſera fait tous les ans, ſix ſemaines après l'expiration des congés, un état du produit de cette Maſſe, qui ſera diviſé par parties égales entre les Fourriers, les Sergens & les Soldats qui compoſeront pour lors chaque régiment ou compagnie, pour former à chacun d'eux une bourſe particulière, qui reſtera cependant dans la Caiſſe, & ne ſera donnée à chaque Fourrier, Sergent ou Soldat, que lorſqu'il aura obtenu quelque place ou retraite, ou que ſon congé abſolu lui ſera délivré pour quelque cauſe que ce ſoit; on ne comprendra cependant point dans ladite répartition, ceux des Soldats de recrues qui n'auront pas joint leurs compagnies avant le 1.er Janvier de chaque année. L'état du produit de cette Maſſe ſera fait dans les régimens par le Tréſorier, certifié par l'Aide-major, vérifié par le Major, & approuvé par le Commandant du régiment; il ſera fait dans le corps des Mineurs par l'Aide-major, certifié par les Capitaines, & approuvé par le Commandant; & dans les compagnies d'Ouvriers, il ſera formé par les Adjudans, certifié par les Capitaines, & approuvé par les Directeurs aux ordres deſquels ſeront ces compagnies.

Ces fonds, pour ce qui concerne les régimens, reſteront dans les Caiſſes deſdits régimens, & ne ſeront délivrés que ſur les ordres de l'Inſpecteur; ceux des compagnies de Mineurs & d'Ouvriers, reſteront dans la Caiſſe des Commis du Tréſorier général du Corps-royal, qui en fourniront leurs reconnoiſſances aux Capitaines, & ne délivreront lesdits fonds que sur les ordres du Commandant en chef des Mineurs pour ce qui regarde ce Corps, & sur ceux des Inspecteurs des départemens pour les compagnies d'Ouvriers.

Les bourses particulières des Soldats morts ou désertés n'entreront point dans les répartitions ; & après avoir prélevé, sur lesdites bourses, ce que ces Soldats pourroient devoir sur le prêt, & pour les avances indispensables que les Capitaines n'auroient pas eu le temps de se faire rembourser, le restant desdites bourses sera remis à la Masse commune de la bourse du Soldat.

A chaque revue d'inspection, il sera donné à l'Inspecteur général un état de ladite Masse, qui en constatera la recette, la dépense, l'état actuel & le montant de la bourse de chaque Sergent ou Soldat; on fera aussi part de ce montant à la Troupe.

114.

SA MAJESTÉ voulant que les fonds de ladite bourse dont on n'aura pas besoin pour les renvois annuels, puissent servir par la suite à procurer des secours aux femmes & aux enfans des Soldats, Elle autorise les Colonels des régimens à proposer, par la voie des Inspecteurs, au Secrétaire d'État ayant le département de la guerre, des emplacemens pour ces fonds, dont le revenu sera employé à procurer des rations ou demi-rations de pain auxdites femmes & enfans, sur un état arrêté tous les ans par le Colonel, & approuvé par l'Inspecteur.

115.

Uniforme des régimens.

L'UNIFORME des compagnies de Canonniers, Bombardiers & Sapeurs, sera, pour le justaucorps, de drap bleu, avec paremens, collet & doublures rouges; il sera croisé par-derrière, & garni d'une bande sur le devant ouverte de douze boutonnières; il y aura quatre boutons au parement, un sur chaque hanche, & un dans les plis, dans lesquels sera placée de chaque côté une poche de toile.

Chaque

7. Octobre 1774.

172.

Chaque juſtaucorps ſera garni d'une épaulette de drap bleu, doublée de même, fixée avec un petit bouton de veſte.

La veſte ſera de drap bleu, doublée de cadis blanc, garni d'un ſeul côté de douze petits boutons ſur le devant, les poches ouvertes, coupées en travers, & garnies de quatre boutons.

La culotte ſera de tricot bleu, garni d'un caleçon de toile rouſſe, détaché de la culotte, pour doublure.

Les boutons ſeront jaunes, de forme plate, & ils ſeront numérotés 47.

Le chapeau ſera bordé d'un galon d'argent large de ſeize lignes pour les Fourriers, Sergens, Tambours-majors & Muſiciens, & d'un galon de même largeur en laine blanche pour le ſurplus des compagnies.

Des compagnies de Mineurs.

L'uniforme des bas Officiers & Soldats du corps des Mineurs ſera le même que celui des régimens, & ils ne ſeront diſtingués que par l'épaulette, qui ſera d'un galon de laine aurore. Il en ſera couſu une pareille ſur l'épaule gauche de la veſte.

Des compagnies d'Ouvriers.

Le juſtaucorps des compagnies d'Ouvriers ſera auſſi le même que celui des régimens; il y ſera de plus ajouté un revers de drap rouge de la longueur de quatorze pouces au plus, ſur trois pouces de largeur, garni de cinq boutons de veſte de chaque côté.

La veſte & la culotte des Ouvriers ſeront les mêmes que celles des Canonniers, Bombardiers & Sapeurs, mais la veſte ſera garnie à la manche d'une petite patelette rouge.

Les Tambours du Corps-royal continueront de porter la petite livrée du Roi: les juſtaucorps ſeront bordés d'un petit galon large de neuf lignes, & garnis ſur le devant de ſix brandebourgs d'un galon large de dix-huit lignes par un, deux & trois.

Les manches feront bordées, fur le dehors du bras, de fept bandes de petit galon coufu en travers d'une couture à l'autre, à diftance égale, & les paremens feront garnis de deux brandebourgs chacun.

Les Tambours des Ouvriers porteront les revers réglés pour les compagnies d'Ouvriers; ils feront bordés d'un petit galon de livrée du Roi, large de neuf lignes, & le deffous à l'endroit de la taille fera garni de trois brandebourgs feulement. Le furplus defdits juftaucorps fera conforme à ce qui eft réglé pour les Tambours des autres compagnies.

La cafaque du Tambour-major de chaque régiment fera de même que celle des Tambours ordinaires; elle fera de plus galonnée d'un galon de même livrée de neuf lignes de large fur toutes les coutures, & garnie d'un double bordé de galon d'or fin de douze lignes de large au parement, en place des brandebourgs.

Le parement du juftaucorps uniforme fera d'environ cinq pouces de hauteur.

Le collet aura trois pouces & demi de largeur, pour qu'il en demeure en dehors trois apparens.

Les boutonnières feront en poil de chèvre de la couleur de l'étoffe fur laquelle elles feront appliquées, celui des autres couleurs étant expreffément défendu.

Les Muficiens auront le juftaucorps avec les paremens de drap bleu, doublure & collet rouges, un galon d'or fin large de neuf lignes fur le collet & les paremens, la vefte & la culotte bleues, le chapeau bordé comme celui du Tambour-major.

L'uniforme des Officiers fera femblable à celui des Soldats, & ne différera que par la qualité des draps qui feront plus fins, & des boutons qui feront dorés, ainfi qu'à la poche qui fera placée en travers à l'ordinaire, & garnie de quatre boutons.

Les Officiers ne pourront porter, fous quelque prétexte

que ce ſoit, aucune doublure de ſoie, galon ou fil d'or ou d'argent à leur uniforme, non plus qu'aux redingotes ou manteaux de drap qu'ils pourront porter à la tête de leurs Troupes.

Diſtinctions pour les différens grades.

Le Colonel portera une épaulette de chaque côté en or, ornée de franges riches & nœuds de cordelières.

Le Lieutenant-colonel portera à gauche une ſeule épaulette ſemblable à celle du Colonel.

Les Chefs de brigade & le Major porteront une épaulette de chaque côté en or, ornée de franges ſeulement, ſans nœuds de cordelières.

Les Capitaines, les Aides-major & Lieutenans, qui auront commiſſion de Capitaine, porteront une ſeule épaulette en or ornée de franges comme celles des Majors.

Les Lieutenans & Sous-aides-major porteront une épaulette à fond de treſſe d'or loſangée de ſoie rouge, ornée de franges d'or & de ſoie rouge.

Les Adjudans & Quartier-maîtres porteront une épaulette en treſſe de ſoie rouge liſérée d'or.

Les Officiers ne pourront porter que les diſtinctions réglées & déterminées pour les emplois qu'ils exerceront dans le Corps, encore qu'ils fuſſent pourvus de commiſſions de grades ſupérieurs, à l'exception des Lieutenans pourvus de commiſſion de Capitaine.

Les Fourriers porteront le même bordé que les Sergens ſur le parement, & auront de plus deux bandes du même galon couſues ſur le dehors de chaque bras.

Les Sergens ſeront diſtingués par un bordé de galon d'or ſur le parement, de douze lignes de large.

Les Caporaux porteront ſur le parement un double bordé d'un galon de laine aurore, large de dix lignes.

Les Appointés ne porteront que le ſimple bordé du même galon ſur le parement.

Dans le nombre des premiers Canonniers, Bombardiers, Artificiers, Sapeurs, Mineurs & Ouvriers de chaque compagnie, la première moitié portera une double bande de galon jaune large de dix lignes, cousue en chevron brisé sur le bras gauche, & l'autre moitié n'aura sur le même bras qu'un simple galon cousu également en chevron brisé.

Uniforme des Gardes d'Artillerie & autres Employés.

Les Gardes-magasins d'Artillerie & les Artificiers porteront un justaucorps bleu doublé de rouge, avec poches en travers, paremens & collet de velours bleu-céleste, boutons jaunes jusqu'à la taille, numérotés 47, veste & culotte rouges, la veste à un seul rang de boutons jusqu'à la poche.

Les Conducteurs du charroi porteront le même uniforme que les Gardes d'Artillerie, avec cette seule différence que les paremens & le collet seront de drap.

Ceux des Gardes ou Artificiers qui auront été Officiers, continueront de porter leur uniforme d'Officiers.

TITRE II.

Du service en général du Corps-royal de l'Artillerie.

ARTICLE PREMIER.

Rang que les régimens tiendront entr'eux.

Les régimens du Corps-royal de l'Artillerie rouleront entr'eux suivant le grade & l'ancienneté de leurs Colonels titulaires.

Rang des bataillons.

Les bataillons desdits régimens prendront rang entr'eux, suivant l'ancienneté du premier Chef de brigade de chacun desdits bataillons.

Rang des brigades.

Les brigades rouleront entr'elles dans les bataillons, suivant l'ancienneté des Chefs de brigade qui les commanderont; mais la brigade de Bombardiers marchera toujours à la suite des bataillons, quelque ancienneté qu'ait son Chef.

2.

2.

Chefs fixés à leurs brigades, dont on ne changera pas les compagnies.

LES Chefs de brigade, tant qu'ils en feront les fonctions, resteront attachés à la même brigade dont on ne pourra point changer les compagnies ; mais on fera passer, lorsqu'il sera nécessaire, une brigade d'un bataillon à l'autre, pour que chacun des deux plus anciens Chefs de brigade se trouve toujours à la tête d'un desdits bataillons ; observant cependant qu'il y ait toujours dans chaque bataillon une des brigades dans laquelle il doit y avoir une compagnie de Sapeurs.

3.

Rang de compagnies dans les brigades.

CHAQUE compagnie de Canonniers roulera dans la brigade à laquelle elle sera attachée, suivant l'ancienneté de son Capitaine ; & les compagnies de Sapeurs appartenant aux Chefs de brigade, marcheront toujours à la tête des brigades dont elles feront partie.

Les compagnies de Bombardiers marcheront aussi entr'elles, suivant l'ancienneté de leurs Capitaines.

4.

Rang que tiendront entr'eux les régimens, bataillons, brigades, compagnies & détachemens.

LORSQU'UN ou plusieurs régimens du Corps-royal se trouveront rassemblés dans un même lieu avec des bataillons, des brigades & des compagnies d'autres régimens dudit Corps, les régimens prendront rang sur les bataillons, les bataillons sur les brigades, & les brigades sur les compagnies.

La partie d'un régiment qui sera commandée par son Colonel, représentera le régiment.

5.

SI l'on détache d'une brigade faisant partie d'un bataillon, une ou plusieurs compagnies, ce qui restera de ladite brigade la représentera dans ledit bataillon.

Une brigade entière détachée de son bataillon prendra rang sur les compagnies détachées, à moins qu'il ne se trouve quatre compagnies de Mineurs, ou quatre compagnies d'Ouvriers, qui pour lors formeront brigade, & rouleront avec les autres brigades détachées, suivant l'ancienneté de leurs Chefs respectifs.

6.

S'IL se trouve ensemble plusieurs compagnies de différentes espèces, c'est-à-dire, des Canonniers, Bombardiers, Sapeurs, Mineurs & Ouvriers, qui ne forment pas de brigade, les compagnies de même brigade se joindront ensemble, & les différentes espèces prendront ensuite rang entr'elles, suivant le nombre des compagnies qu'elles auront; & dans le cas d'égalité, elles prendront rang du grade ou de l'ancienneté de ceux qui commanderont lesdites espèces.

7.

LES détachemens quelconques qui ne seront pas formés en compagnies, marcheront entr'eux suivant le grade ou l'ancienneté des Commandans respectifs de chaque espèce.

8.

Rang des Officiers entr'eux.

LES Officiers supérieurs du Corps-royal prendront rang entr'eux pour le commandement, suivant leur grade & leur ancienneté, de manière que les Chefs de brigade soient commandés par les Lieutenans-colonels, les Lieutenans-colonels par les Colonels, & ceux-ci par les Inspecteurs & Officiers généraux.

9.

Commandement en cas de réunion de différentes troupes.

LORSQUE plusieurs régimens du Corps-royal se trouveront ensemble avec des bataillons, brigades, compagnies ou détachemens, soit des autres régimens dudit Corps, soit des Mineurs ou des Ouvriers, l'Officier le plus élevé en grade, ou le plus ancien, à grade égal, prendra le commandement du tout; mais la discipline intérieure & les détails de chacune de ces Troupes seront réservés à son Commandant naturel.

10.

Police & discipline comme dans l'Infanterie.

LES régimens du Corps-royal de l'Artillerie & les compagnies de Mineurs & d'Ouvriers, seront sujets à la même discipline que les autres Troupes de Sa Majesté, en quelqu'endroit qu'ils se trouvent. Les Commandans des Places auront cependant attention de les dispenser de ce qui pourroit gêner leur service particulier.

11.

Le service se fera par bataillons, brigades, compagnies, escouades & demi-escouades.

L'INTENTION de Sa Majesté étant que le service particulier à l'Artillerie, à l'exception de celui des Ouvriers, se fasse par des Corps aussi entiers qu'il sera possible, & que ces Corps soient toujours commandés par les Officiers & bas Officiers qui leur sont attachés, Elle ordonne que les Troupes dudit Corps qui seront commandées à l'avenir, le soient par bataillons, brigades, compagnies, escouades & demi-escouades.

12.

Commandement des Gardes & des Travailleurs.

LES Gardes & les Travailleurs seront commandés, dans tous les cas, par escouades prises dans un même bataillon, ou dans la brigade de Bombardiers; & on n'y emploiera, autant que faire se pourra, qu'une escouade d'une même compagnie.

Les Capitaines & les Lieutenans rouleront entr'eux pour ces services dans leurs bataillons, & les Officiers de Bombardiers dans leur brigade.

Les Capitaines, ainsi que les Lieutenans, à la réserve des Adjudans, rouleront entr'eux pour ces services, suivant leurs grades, chacun dans son bataillon, & les Officiers de Bombardiers dans leur brigade; de façon que les Officiers d'un bataillon ne fassent pas ces services avec des Soldats de l'autre: & on observera de ne jamais détacher en même temps deux Officiers de la même compagnie.

13.

Logement des Commandans d'École, Chefs de brigade & Lieutenans.

LES Commandans des Écoles du Corps-royal, qui ne seront pas Officiers généraux, tels autres grades qu'ils aient, seront toujours logés comme Brigadiers, & les Chefs de brigade le seront comme Majors. Les Lieutenans en premier & en second, à l'exception des Adjudans, seront logés seuls, chacun dans une chambre, comme les Aides-major, Sous-aides-major & Quartier-maîtres des autres Troupes; & les Soldats du Corps-royal seront fournis dans les casernes, comme chez les Bourgeois, d'un lit pour deux hommes seulement.

TITRE III.

Du Service du Corps-royal dans les Places.

ARTICLE PREMIER.

Service d'Infanterie des régimens du Corps-royal.

LES régimens & détachemens du Corps-royal de l'Artillerie, soit qu'ils se trouvent seuls ou avec d'autres Troupes, ne fourniront d'autres gardes que celles du polygone dans les Places où il y a École d'instruction, avec leur garde de police, celle de l'arsenal, celles dûes aux Officiers généraux du Corps-royal de l'Artillerie, ainsi qu'une Sentinelle au Commandant de la Troupe pour la garde de la Caisse du régiment; & si ce Commandant a un Supérieur du Corps dans la Place, il sera fourni aussi à ce dernier une Sentinelle: mais dans le cas où il n'y auroit pas de Caisse qui exigeât qu'il y eût une Sentinelle chez le Commandant de la Troupe, il n'en sera fourni alors à celui du Corps, qu'autant qu'il lui en sera dû par son grade, conformément à l'Ordonnance du service des Places.

2.

Ne fourniront pour la garde, que la moitié, tout au plus, de ce que fourniront les autres troupes.

SA MAJESTÉ voulant cependant que les Troupes du Corps-royal continuent, comme par le passé, de ne fournir pour la garde que moitié, tout au plus, de ce que fourniront dans la même garnison les Troupes de pareille force; s'il arrive que la garde des postes affectés par l'article précédent au Corps-royal, exige un service plus fort, Elle entend que dans ce cas les autres Troupes de la garnison soient chargées de la garde d'une partie desdits postes. Sa Majesté autorise même les Commandans des Places à décharger les Soldats du Corps-royal de toutes gardes, dans les cas extraordinaires où ils seroient trop fatigués par les manœuvres de l'Artillerie.

Les

57

Les gardes que fourniront les Troupes dudit Corps, s'assembleront devant leurs quartiers, d'où elles partiront pour aller relever directement leurs postes, & lesdites gardes ne monteront la parade générale avec la garnison, que les jours de Fêtes & de Dimanche, lorsque le Commandant de la Place l'ordonnera.

3.

Seront exempts de tout autre service d'Infanterie, hors les cas de nécessité absolue.

SA MAJESTÉ veut bien exempter les Capitaines, Lieutenans & Soldats desdits régimens, de toute autre garde, ainsi que des rondes; mais dans les cas de nécessité absolue où les Commandans des Places jugeroient indispensable de leur faire faire quelqu'autre service que celui prescrit par les articles précédens, ces Troupes exécuteront ce qui leur sera ordonné par lesdits Commandans, qui seront tenus d'en informer sur le champ le Secrétaire d'État ayant le département de la guerre. A l'égard des Officiers supérieurs attachés auxdites Troupes du Corps-royal, ils continueront de rouler pour le service d'Infanterie avec ceux de la garnison.

4.

Les Mineurs exempts du service d'Infanterie dans les Places.

LES compagnies de Mineurs seront exemptes dans les Places de toute autre garde que celle pour la police de leur quartier & pour le parc des mines.

5.

Les compagnies d'Ouvriers exemptes du même service.

LES compagnies d'Ouvriers étant destinées à être employées dans les arsenaux aux travaux de l'Artillerie, seront exemptes de tout service d'Infanterie dans les Places.

6.

Les Officiers détachés dans les Places, communiqueront leurs ordres aux Commandans desdites Places & à ceux de l'Artillerie.

TOUT Officier du Corps-royal de l'Artillerie, détaché dans une Place, communiquera ses ordres au Commandant de ladite Place & à celui de l'Artillerie, & il informera de son arrivée le Secrétaire d'État ayant le département de la guerre, ainsi que le Directeur du département.

7.

A qui appartiendront les honneurs du commandement lors des détachemens dans les Places.

LORSQU'IL sera envoyé un régiment du Corps-royal ou un détachement, soit d'un régiment dudit Corps, soit des compagnies de Mineurs ou d'Ouvriers, dans une Place où il se trouvera un Officier employé pour le service de l'Artillerie, plus élevé en grade, ou plus ancien, à grade égal, que celui qui commandera ledit régiment ou détachement, alors le commandement appartiendra sans difficulté à l'Officier de la direction, lequel ne pourra cependant intervertir en aucune façon l'ordre, la discipline intérieure & les détails de la Troupe; mais il ordonnera sur ce qui concerne le service, & le Commandant de ladite Troupe sera tenu de lui rendre compte de sa force & des mutations qui pourront y arriver, ainsi que des détachemens qui seront commandés, soit pour prendre les armes, ou pour les exercices quelconques.

Si au contraire l'Officier de la direction se trouve dans le cas de déférer le commandement à l'Officier qui commandera un desdits régimens ou détachemens, il sera tenu alors de lui communiquer l'inventaire de la Place, pour en prendre lecture, sans cependant déplacer ledit inventaire, & il lui rendra compte de la quantité & de la force des pièces de canon qui pourront entrer dans la Place, ou en sortir. Il sera pareillement tenu de lui demander les détachemens dont il pourroit avoir besoin pour le service de l'Artillerie dans la Place; & pour qu'il sache combien il pourra employer d'hommes à ce service, l'Officier commandant le régiment ou le détachement, le fera informer de la force de la Troupe, & des mutations qui pourront y arriver.

8.

Commandement de l'Artillerie dans les Places assiégées.

S'IL arrivoit qu'un régiment ou un détachement du Corps-royal, à l'exception des compagnies ou détachemens de Mineurs, fût envoyé pour la défense d'une Place dans laquelle il se trouvât un Officier employé pour le service de l'Artillerie, pour lors le commandement appartiendroit, ſans aucune réſerve & ſans difficulté, à l'Officier le plus élevé en grade, ou au plus ancien, à grade égal, qui pourroit ſe faire rendre tels comptes qu'il jugeroit à propos.

9.

Les Officiers de Mineurs & les autres Officiers du Corps-royal, ne prendront les uns ſur les autres que les honneurs du commandement.

LES Officiers du corps des Mineurs, détachés pour la défenſe des Places, rouleront de même avec ceux des régimens, des compagnies d'Ouvriers & des directions, pour les honneurs du commandement ſeulement; n'entendant point Sa Majeſté, que pour cette raiſon, l'Officier de Mineurs à qui ſeront déférés les honneurs du commandement, puiſſe donner des ordres ſur les objets qui concernent le ſervice de l'Artillerie, ni que l'Officier commandant l'Artillerie puiſſe en donner ſur ce qui concerne le ſervice des Mines. Veut Sa Majeſté que les uns & les autres obſervent & rempliſſent les déférences dûes à la ſupériorité du grade ou à l'ancienneté, & qu'ils ſe renferment exactement dans leurs fonctions particulières.

10.

Par qui l'ordre ſera porté.

L'ORDRE ſera porté tous les jours dans les Places par le Major, ou, à ſon défaut, par l'Aide-major du régiment, au Commandant du Corps-royal, quel qu'il ſoit, ainſi qu'au Colonel, ou en ſon abſence, au Commandant du régiment; il ſera porté par un Sous-aide-major au Lieutenant-colonel, par des Adjudans aux autres Officiers ſupérieurs du Corps, & par des Sergens aux Capitaines. A l'égard des Lieutenans, l'ordre ne leur ſera porté par leſdits Sergens, que lorſqu'ils ſeront commandés pour le ſervice.

S'il n'y avoit dans une Place qu'un détachement d'une ou deux compagnies du Corps-royal, l'ordre ſera porté par un Sergent à celui qui commandera, & il ſera porté aux autres Officiers comme il eſt dit ci-deſſus; & quand il n'y aura ni régiment, ni détachement dudit Corps, un Sergent de la garniſon le portera ſeulement à l'Officier qui commandera l'Artillerie en chef dans la Place.

11.

Revue du Commiſſaire des guerres.

LES Officiers détachés pour le ſervice de l'Artillerie dans les Places, paſſeront en revue devant le Commiſſaire des guerres & du Corps-royal, ou à ſon défaut, devant celui de la Place. Lorſqu'il ſe trouvera dans une Place un régiment du Corps-royal, leſdits Officiers détachés ſe tiendront, avec l'État-major dudit régiment, chacun dans le rang dû à ſon grade. S'il ne s'y trouve qu'un détachement, ils s'y joindront pareillement ſuivant leur grade & ancienneté; & s'il n'y a point de troupe dudit Corps dans ladite Place, alors le Commiſſaire des guerres & du Corps-royal, ou celui qui en fera les fonctions, verra leſdits Officiers dans l'arſenal, ou dans tout autre lieu connu deſtiné au ſervice de l'Artillerie.

12.

Comptes rendus par les Officiers détachés dans les Places.

LES Sous-directeurs, les Capitaines en premier & les Capitaines en ſecond du Corps-royal qui ſeront détachés dans les Places, rendront compte aux Directeurs des détails dont ils ſeront chargés. Les Directeurs en rendront compte au Secrétaire d'État ayant le département de la guerre, & ils en informeront en même-temps l'Inſpecteur général du département.

13.

Les Inſpecteurs des manufactures d'armes, rendront compte au Secrétaire d'État de la guerre.

LES Inſpecteurs des manufactures d'armes rendront compte directement au Secrétaire d'État ayant le département de la guerre; mais ils ſeront obligés d'informer en même-temps l'Inſpecteur général du département de ce qui ſe paſſera d'eſſentiel dans leſdites manufactures.

Les Officiers employés dans les fonderies & dans les forges, rendront compte auſſi directement au Secrétaire d'État ayant le département de la guerre; mais ils n'en ſeront pas moins aux ordres du Directeur du département, & ils l'informeront de tout ce qui ſe paſſera dans leſdites fonderies & forges.

14.

TOUT Officier du Corps-royal qui ſe trouvera dans le

le cas de quitter une Place pour passer à une autre destination, laissera tous les papiers concernant le service dont il étoit chargé, à l'Officier qui viendra le remplacer; ils en dresseront ensemble un inventaire, dont il sera fait trois copies qu'ils signeront, l'une desquelles sera envoyée au Secrétaire d'État ayant le département de la guerre, l'autre sera gardée par l'Officier remplacé, pour lui servir de décharge, & la troisième sera jointe aux papiers de la Place.

15.

A qui seront laissés les papiers concernant l'Artillerie dans les Places.

TOUT Officier du Corps-royal qui recevra des ordres pour s'absenter momentanément du lieu de sa résidence, ou qui sera obligé d'en partir avant l'arrivée de l'Officier nommé pour le remplacer, laissera les papiers dont il étoit chargé, avec leur inventaire, au plus ancien des Officiers dudit Corps qui seront employés sous ses ordres dans la même Place, pour être remis par lui à son successeur; & dans le cas où il ne se trouvera dans ladite Place qu'un seul Officier du Corps-royal, s'il arrive qu'il soit obligé d'en partir avant d'avoir été remplacé, il déposera chez le Major de la Place lesdits papiers renfermés sous un scellé qui ne pourra être levé que par le successeur dudit Officier, ou par le Directeur ou Sous-directeur du département; & dans l'un & l'autre cas, l'inventaire desdits papiers sera toujours adressé au Secrétaire d'État ayant le département de la guerre, par l'Officier qui les aura laissés.

16.

Apposition des scellés sur les papiers de l'Artillerie après la mort d'un Officier, & levée desdits scellés.

LORSQU'UN Officier du Corps-royal employé dans une Place, viendra à mourir, le scellé sera apposé sur les papiers concernant le service de l'Artillerie dont il étoit chargé, par le Major; & à son défaut, par l'Aide-major de la Place, en présence des autres Officiers du Corps-royal qui se trouveront employés dans la même résidence; & ledit scellé ne pourra de même être levé qu'en leur présence; il sera dressé en même temps par lesdits Major ou Aide-major, de concert avec les Officiers du Corps-royal, un inventaire desdits papiers, dont il sera envoyé une copie au Secrétaire d'État ayant le département de la guerre.

Lorsqu'il ne se trouvera pas d'Officier du Corps-royal dans la Place, le Major, après avoir apposé le scellé sur lesdits papiers, sera tenu d'en avertir sur le champ le Directeur ou le Sous-directeur du département, qui enverra sur les lieux un Officier pour retirer lesdits papiers, & le scellé ne pourra être levé qu'en présence dudit Officier.

17.

LES Capitaines employés dans les Places, ne proposeront directement aucun ouvrage au Secrétaire d'État ayant le département de la guerre; ils rendront seulement compte au Directeur, & en son absence au Sous-directeur du département dans lequel ils seront employés, des réparations qu'il leur paroîtra nécessaire de porter en projet pour l'année suivante.

18.

Devis des ouvrages, par qui faits.

LORSQUE l'Inspecteur général aura reçu l'état des ouvrages ordonnés par Sa Majesté, il enverra à chacun des Directeurs qui seront à ses ordres, une copie collationnée par lui de ce qui concernera sa direction. Chaque Directeur enverra de même à son Sous-directeur & aux Capitaines employés dans les Places où il y aura quelques ouvrages à exécuter, des copies collationnées par lui de ce qui concernera lesdits ouvrages. Lesdits Sous-directeurs & Capitaines dresseront les devis & conditions, conformément à chacun des articles portés dans les états qui leur auront été adressés; ils les enverront ensuite au Directeur, qui en rendra compte à l'Inspecteur général.

19.

Compte à rendre de

TOUT Officier du Corps-royal qui se trouvera chargé dans une Place, de la conduite de quelques ouvrages de l'Artillerie, adreſſera tous les mois au Directeur du département, un état de l'avancement & de la ſituation deſdits ouvrages, & le Directeur en rendra compte auſſi tous les mois au Secrétaire d'État ayant le département de la guerre; il en informera de même l'Inſpecteur général.

l'avancement des ouvrages.

20.

LESDITS Officiers chargés de l'exécution des ouvrages, ſe conformeront avec la plus grande exactitude à l'état de ceux qui ſeront ordonnés; & ne pourront, ſous quelque prétexte que ce puiſſe être, changer en tout ou en partie la deſtination des fonds, ſans un ordre du Secrétaire d'État ayant le département de la guerre.

Conſervation de chaque fonds pour ſon objet.

21.

SA MAJESTÉ fait pareillement très-expreſſes défenſes aux Inſpecteurs, aux Directeurs & à tous autres Officiers du Corps-royal, chargés ſous leurs ordres de l'exécution des ouvrages, d'en entreprendre aucun ſans un ordre du Secrétaire d'État ayant le département de la guerre; à l'exception cependant de ceux qui ne pourroient être différés ſans préjudicier évidemment au ſervice de Sa Majeſté, ainſi qu'à la conſervation ou à la ſûreté des munitions, effets & bâtimens de l'Artillerie. Les Directeurs, & même les Officiers employés ſous leurs ordres dans les Places de leurs directions, pourront prendre ſur eux, dans ces cas urgens, de faire travailler aux réparations qui ne pourroient pas ſouffrir de retardement; mais ils en rendront compte ſur le champ au Secrétaire d'État ayant le département de la guerre, en lui faiſant connoître la néceſſité du parti qu'ils auront pris, & ils lui enverront l'eſtimation de la dépenſe à laquelle pourront monter ces réparations. Chacun de ces Officiers en rendra pareillement compte à ſon ſupérieur.

Ouvrages qui peuvent ſe commencer ſans ordre.

22.

LORSQUE les ouvrages qu'il aura été ordonné de faire aux bâtimens deſtinés au ſervice de l'Artillerie, ſeront

Toiſé définitif des ouvrages.

achevés, les Officiers du Corps-royal qui en auront conduit l'exécution, en feront, en présence des Entrepreneurs, le toisé général & définitif, dont ils enverront trois copies au Directeur : celui-ci en adressera une au Secrétaire d'État ayant le département de la guerre, en même temps que les autres états de dépense, & il en fera un extrait qu'il enverra à l'Inspecteur général, pour en former un état apostillé pour son travail d'inspection.

23.

Dépenses relatives aux attirails d'Artillerie.

IL sera formé également & envoyé de même au Secrétaire d'État ayant le département de la guerre, un état de toutes les dépenses relatives aux attirails & autres parties du service de l'Artillerie dans les arsenaux.

24.

Tournée des Directeurs.

LES Directeurs dont les départemens ne sont pas trop étendus, visiteront, au moins une fois l'an, les Places de leurs directions; & ceux dont les Places sont trop éloignées les unes des autres, les visiteront au moins une fois tous les deux ans. Ils observeront de choisir, autant que faire se pourra, pour cette tournée, le mois de Septembre, pour qu'ils puissent voir l'exécution des ouvrages faits pendant l'année, & arrêter, de concert avec les Officiers employés dans chaque Place, les projets & estimations des ouvrages à faire l'année suivante.

25.

Le Directeur remettra les projets d'ouvrages à l'Inspecteur.

CHAQUE Directeur remettra tous les ans à l'Inspecteur général du département, les projets des différens ouvrages & des réparations à faire, tant aux attirails qu'aux bâtimens de l'Artillerie dans les Places de sa direction; & il joindra auxdits projets les plans, profils & élévations qui pourront être nécessaires, afin de donner à cet Inspecteur les connoissances dont il aura besoin pour former son travail d'inspection.

26.

Conditions sous lesquelles

AUCUN des Officiers du Corps-royal, employés dans les Places, ne pourra s'absenter du lieu de sa résidence, sous fous quelque prétexte que ce foit, fans un congé de Sa Majefté, figné du Secrétaire d'État ayant le département de la guerre, ou fans la permiffion de fon Directeur, ou autre Officier fous les ordres duquel il fera employé; & celui-ci ne pourra la lui donner que pour quinze jours au plus, en en donnant avis fur le champ au Secrétaire d'État ayant le département de la guerre.

un Officier peut s'abfenter de fa réfidence.

27.

SA MAJESTÉ veut bien auffi permettre aux Infpecteurs généraux & aux Directeurs, chacun dans l'étendue de fon département, de faire paffer un Officier du Corps-royal d'une Place dans une autre, à l'occafion d'un travail preffé; mais lorfqu'ils fe trouveront dans le cas de faire ces déplacemens, ils en rendront compte fur le champ au Secrétaire d'État ayant le département de la guerre.

Un Officier peut être tiré d'une réfidence pour être employé dans une autre, par l'Infpecteur & par le Directeur.

28.

LESDITS Officiers employés dans les Places, foit qu'ils aient reçu des ordres de l'Infpecteur général ou du Directeur du département, pour paffer d'une Place dans une autre, foit qu'il leur ait été ordonné par le Secrétaire d'État ayant le département de la guerre, de fe rendre à une nouvelle deftination, foit enfin qu'ils aient obtenu un congé de Sa Majefté, ou une fimple permiffion de leur Directeur, ne pourront quitter le lieu de leur réfidence fans la permiffion du Commandant de la Place. Quant à ceux de ces Officiers dont les fonctions s'étendront hors la Place de leur réfidence ordinaire, ils informeront de leur départ ledit Commandant, qui ne pourra ni les obliger de s'expliquer fur les motifs de leur abfence, ni leur rien prefcrire fur le temps de leur retour.

Tout Officier qui quittera une place, fera obligé de demander la permiffion au Commandant de la Place.

29.

TOUT Officier du Corps-royal commandant l'Artillerie dans une Place, tiendra la main à ce que le Garde-magafin d'Artillerie rempliffe exactement les devoirs de fon emploi; il veillera particulièrement à ce qu'il ne faffe aucune efpèce de remife ou de confommation fans fon

Le Commandant de l'Artillerie veillera fur le fervice du Garde d'Artillerie.

ordre, ou sans des ordres supérieurs qui seront toujours présentés audit Commandant de l'Artillerie, pour être visés par lui.

Il n'aura pas moins d'attention à ce que les armes soient bien entretenues, & il répondra personnellement des négligences qu'il pourra avoir tolérées dans cette partie.

30.

LESDITS Officiers auront soin aussi d'informer régulièrement leurs Directeurs, de la conduite, application & capacité desdits Gardes-magasins, & ils en rendront compte aux Inspecteurs généraux du Corps-royal, dans chacune de leurs tournées.

31.

Travailleurs de la garnison.

LORSQU'IL y aura quelques manœuvres à faire dans une Place où il ne se trouvera pas assez de Soldats du Corps-royal pour les exécuter, le Commandant de l'Artillerie s'adressera à celui de la Place, qui lui fera fournir, par la garnison, les détachemens nécessaires pour l'exécution desdites manœuvres.

32.

Compte que les Directeurs rendront des Officiers qui sont à leurs ordres.

LES Directeurs de l'Artillerie tiendront la main à ce que tous les Officiers du Corps-royal employés sous leurs ordres, remplissent les fonctions qui leur seront confiées; ils veilleront à leur conduite, s'attacheront à exciter leur zèle & leur émulation, à développer leurs talens, à s'assurer sur-tout de celles des différentes parties de l'Artillerie auxquelles chacun d'eux paroîtra le plus propre, & ils en rendront compte, à la fin de chaque année à l'Inspecteur général.

33.

Compte qu'ils rendront aux Inspecteurs généraux lors de leurs tournées.

LORSQUE les Inspecteurs généraux feront leur inspection, les Directeurs des départemens leur rendront un compte exact de tout ce qui aura rapport au service de l'Artillerie; ils leur donneront communication de tous les papiers qui leur seront confiés: les Inspecteurs les

7. Octobre 1774.

vérifieront, & verront ſi ceux de l'année précédente ont été ajoutés à l'inventaire de ceux qui exiſtoient précédemment : leſdits Directeurs accompagneront les Inſpecteurs dans les Places de leurs directions, ſi ceux-ci le jugent néceſſaire.

34.

Défenſe de communiquer les papiers de l'Artillerie.

SA MAJESTÉ fait très-expreſſe défenſe, ſous les peines les plus graves, à tous Officiers du Corps-royal, de communiquer à qui que ce ſoit qu'à leurs ſupérieurs, ſans un ordre exprès du Secrétaire d'État ayant le département de la guerre, les papiers concernant l'Artillerie, ni les plans qui pourront leur avoir été confiés.

35.

Les Gardes d'Artillerie ſont reſponſables des effets qui ſont à leur charge.

LES Gardes d'Artillerie ſeront reſponſables des effets qui ſeront dans leurs magaſins, & en conſéquence ils en auront ſeuls les clefs, à l'exception cependant des magaſins à poudre dont les portes doivent être garnies de trois ſerrures différentes, ainſi que de trois clefs, une deſquelles ſera remiſe au Commandant de la Place, une autre au Commandant de l'Artillerie, & la troiſième reſtera au Garde, de façon qu'il ne puiſſe ouvrir leſdits magaſins ſans la participation de ces deux Commandans.

36.

Les Gardes d'Artillerie ſeront payés ſur les revues des Commiſſaires des guerres.

Leurs fonctions.

LES Gardes d'Artillerie, ainſi que les Sous-gardes établis dans quelques Places pour les aider dans leurs fonctions, ſeront payés des appointemens qui leur ſeront réglés, ſur les revues des Commiſſaires des guerres & du Corps-royal : chacun deſdits Gardes exécutera ce qui lui ſera ordonné, pour le ſervice, par l'Officier qui commandera l'Artillerie dans la Place; & il ſe conformera, tant pour la tenue de ſes regiſtres & papiers, que pour tout ce qui peut avoir recours à la comptabilité, à ce qui lui ſera preſcrit par le Commiſſaire des guerres & du Corps-royal. Leſdits Gardes & Sous-gardes, ainſi que les Chefs des Ouvriers de chaque arſenal, auront dans les manœuvres & travaux de l'Artillerie, le commandement sur les Fourriers, Sergens & Soldats des Troupes qui seront détachées pour lesdites manœuvres.

37.

Registres tenus par les Gardes.

CHAQUE Garde d'artillerie aura deux registres cotés & paraphés par le Commissaire des guerres & du Corps-royal : dans l'un, il transcrira proprement l'inventaire de tous les effets & munitions qui seront confiés à sa garde, & qui y seront détaillés conformément au modèle qui lui sera remis ; il portera dans un second registre, jour par jour, les effets qui lui seront remis, & ceux qu'il aura délivrés de ses magasins.

38.

Ils ne pourront rien délivrer sans l'ordre d'un Officier du Corps-royal.

AUCUN desdits Gardes ne pourra délivrer ni consommer aucun effet ni munitions, sans l'ordre par écrit de l'Officier qui commandera l'Artillerie dans la Place.

39.

Inventaire qu'ils enverront tous les ans.

CHACUN desdits Gardes dressera tous les ans, dans la forme ordinaire, un nouvel inventaire des effets & munitions d'Artillerie dont il sera chargé. Il sera fait cinq expéditions dudit inventaire, qui seront signées de lui ; certifiées par l'Officier chargé du détail de l'Artillerie de la Place, vérifiées par le Commissaire des guerres & du Corps-royal, & visées par le Directeur ou Sous-directeur quand ils seront présens. L'une de ces expéditions sera envoyée, dans les premiers quinze jours de chaque année, au Secrétaire d'État ayant le département de la guerre, la seconde à l'Inspecteur général, la troisième au Directeur, la quatrième à l'Officier qui commandera l'Artillerie dans la Place, & la cinquième au Commissaire des guerres & du Corps-royal : le Garde d'Artillerie sera aussi tenu de remettre une copie dudit inventaire au Commandant de la Place lorsque celui-ci l'exigera.

40.

LESDITS Gardes seront tenus aussi de dresser tous les trois

3. Octobre 1774.

trois mois, cinq états détaillés des remises & consommations qui auront été faites dans les magasins de l'Artillerie. Ces états seront signés, vérifiés & visés, comme il est ordonné par l'article précédent, & ils auront les mêmes destinations.

États de remises & de consommations à envoyer tous les trois mois.

41.

Le Conducteur général du charroi de l'Artillerie, continuera de faire ses fonctions à l'arsenal de Paris; & les deux Conducteurs attachés à chacune des anciennes Écoles y feront le service de la Place & de l'École, ainsi qu'il sera expliqué dans le Titre concernant le service des Écoles.

Conducteurs du charroi; leurs fonctions.

42.

Les Artificiers attachés aux Places, continueront d'y faire leur service particulier, & d'aider à la conduite des manœuvres de l'Artillerie; & ceux qui seront attachés aux Écoles seront spécialement chargés, sous les ordres des Commandans desdites Écoles, de l'instruction des Artificiers & autres Soldats du Corps-royal.

Artificiers; leurs fonctions.

43.

Les Ouvriers d'État ordinaires, qui sont actuellement entretenus dans les arsenaux de construction, seront aux ordres des Directeurs desdits arsenaux, & travailleront journellement aux constructions & radoubs des attirails de l'Artillerie.

Ouvriers d'État; leurs fonctions.

44.

Les Canonniers d'État, employés dans les Places, continueront d'y faire le service aux ordres de ceux qui y commanderont l'Artillerie.

Canonniers d'État; leurs fonctions.

45.

Les Conducteurs du charroi, les Artificiers, les Ouvriers & Canonniers d'État, seront payés de leurs appointemens sur les revues des Commissaires des guerres & du Corps-royal.

Tous les Employés seront payés sur les revues des Commissaires.

46.

Résidence des Commissaires des guerres & du Corps-royal.

Les Commissaires des guerres & du Corps-royal de l'Artillerie, résideront dans les lieux qui leur seront indiqués, & ne pourront s'absenter de leurs départemens, sans une permission du Secrétaire d'État ayant le département de la guerre.

47.

Revues qu'ils doivent faire.

Ils feront les revues des régimens & détachemens du Corps-royal qui se trouveront dans l'étendue de leurs départemens, ainsi que des Officiers de ce Corps détachés dans les Places & aux Écoles, des Ouvriers, des Canonniers d'État & des Employés de l'Artillerie.

Extraits de revue; à qui remis.

Les extraits desdites revues seront remis par ces Commissaires, aux Majors ou Officiers chargés du détail des Troupes qu'ils passeront en revue, ainsi qu'aux Commis des Trésoriers généraux du Corps-royal, pour servir au payement des appointemens & solde des Officiers, Soldats, Ouvriers, Canonniers d'État & Employés; & enfin aux différens Fournisseurs de pain, Entrepreneurs d'hôpitaux, de lits militaires, & tous autres qui sont dans le cas de faire quelques fournitures aux troupes du Corps-royal. Lesdits Commissaires enverront de pareils extraits au Secrétaire d'État ayant le département de la guerre, & aux Intendans sous les ordres desquels ils se trouveront.

48.

Vérification qu'ils doivent faire des papiers des Gardes.

Ils coteront & parapheront les registres que les Gardes d'Artillerie doivent tenir, & ils vérifieront généralement toutes les pièces qui doivent servir à leur décharge, & justifier les remises & consommations qu'ils feront.

49.

Ils vérifieront pareillement les inventaires & les états de remises & de consommations, ainsi que les dépenses de toute espèce concernant le service de l'Artillerie.

50.

Tournées qu'ils feront.

Ils feront tous les ans la tournée des Places de leurs

départemens, & il leur ſera adreſſé par le Secrétaire d'État ayant le département de la guerre, l'état des magaſins dont il ſera jugé à propos qu'ils faſſent une vérification exacte. En conſéquence de cet ordre, ils examineront, conjointement avec les Officiers du Corps-royal employés dans les Places, tous les effets d'Artillerie qui ſe trouveront dans les magaſins qui leur ſeront indiqués; &, d'après cet examen, ils en dreſſeront un procès-verbal aſſez détaillé pour qu'on puiſſe connoître non-ſeulement la quantité & la qualité des effets, mais encore ceux qui ſeront en état de ſervir, ceux qui auront beſoin d'être réparés, & ceux qui ſeront totalement hors de ſervice. Ils adreſſeront ce procès-verbal au Secrétaire d'État ayant le département de la guerre.

51.

Appoſition des ſcellés ſur les papiers d'un Garde d'Artillerie qui viendra à mourir.

LORSQU'UN Garde d'Artillerie mourra, le Major de la Place avec un Officier d'Artillerie, s'il s'y en trouve, ſe tranſportera dans la maiſon de ce Garde, pour mettre le ſcellé ſur ſes papiers; à la réſerve des regiſtres qui ſeront remis à l'Officier d'Artillerie, après en avoir vérifié le nombre de feuilles: toutes les clefs des magaſins ſeront dépoſées chez le Commandant de la Place; & s'il eſt néceſſaire, pour quelque raiſon que ce ſoit, d'entrer dans leſdits magaſins, le Commandant de la Place nommera un Aide-major pour y aller avec l'Officier d'Artillerie, & chacun d'eux tiendra un état de ce qui pourra entrer dans leſdits magaſins & en ſortir.

S'il n'y a point d'Officier d'Artillerie dans la Place, le Major fera ſeul ce qui eſt ordonné ci-deſſus pour ce qui concerne le ſcellé & les clefs; & s'il eſt néceſſaire de tirer ou de dépoſer quelque choſe dans les magaſins, le Commandant de la Place nommera quelqu'un pour en aller faire l'ouverture, & dreſſer un état de ce qui ſera délivré ou remis; lequel état ſera certifié par un Officier de l'État-major, qui ſera toujours préſent toutes les fois que les magaſins ſeront ouverts, & en fera rapporter les clefs chez le Commandant.

A la mort d'un Garde d'Artillerie dans une Place où il y a un arſenal de conſtruction, on prendra les précautions ſpécifiées ci-deſſus pour les magaſins dans leſquels on n'eſt pas obligé d'entrer journellement.

Quant à ceux qui doivent de néceſſité reſter ouverts pour fournir aux conſommations journalières des travaux, le Commandant de la Place nommera quelqu'un pour aſſiſter, conjointement avec celui que le Directeur aura nommé, aux conſommations & remiſes qu'il ſera néceſſaire de faire; ces perſonnes ſigneront l'état qui en ſera dreſſé; & s'il ſe trouve ſur le lieu des héritiers du Garde défunt, ils pourront auſſi nommer de leur part quelqu'un pour aſſiſter auxdites remiſes & conſommations, & en ſigner l'état conjointement avec les perſonnes ſuſdites.

Ces formalités auront lieu juſqu'à l'inſtallation du nouveau Garde.

52.

Vérification des magaſins, après la mort d'un Garde.

LORSQU'IL aura été nommé à une place de Garde d'Artillerie vacante, le Commiſſaire des guerres & du Corps-royal ſe tranſportera ſur les lieux, pour être préſent à la vérification & à la deſcription qui ſeront faites des effets qui ſe trouveront dans les magaſins, & il ſera procédé à cette opération en préſence de l'Officier commandant l'Artillerie, qui ſera chargé d'inſtaller le nouveau Garde. Leſdits Commiſſaires auront attention de faire ſigner par ce nouveau Garde une reconnoiſſance détaillée au bas de l'inventaire des effets, attirails & munitions qui ſe ſeront trouvés dans leſdits magaſins.

53.

Marchés au-deſſus de mille livres; par qui faits.

TOUS les marchés concernant le ſervice de l'Artillerie pour des objets au-deſſus de mille livres, ſeront paſſés par-devant les Intendans & Commiſſaires départis dans les provinces, de concert avec le Directeur de l'Artillerie, & en préſence du Commiſſaire des guerres & du Corps-royal du département; à l'exception toutefois des marchés que le Secrétaire d'État ayant le département de la guerre jugera

3. Octobre 1774.

jugera à propos de passer directement, & de ceux qui seront passés en conséquence des soumissions qu'il aura approuvées. Quant aux objets au-dessous de mille livres, les marchés en seront passés par-devant le Directeur, de concert avec les Commissaires des guerres & du Corps-royal.

54.

Vérification des dépenses faites pour constructions & réparations d'attirails.

LORSQU'IL sera question de construire ou de réparer des effets & attirails d'Artillerie, en conséquence des états arrêtés par le Secrétaire d'État ayant le département de la guerre, les Commissaires des guerres & du Corps-royal en seront avertis, & se transporteront dans les lieux où l'on travaillera; ils auront attention de vérifier toutes les pièces des dépenses, soit en deniers, soit en effets, lesquelles seront auparavant arrêtées par le Directeur. Les premières ne pourront être allouées dans les comptes du Trésorier, qu'autant qu'elles seront revêtues de cette formalité, & ordonnancées par les Intendans; & les dernières ne pourront servir à la décharge du Garde d'Artillerie, à moins qu'elles ne soient vérifiées par le Commissaire des guerres & du Corps-royal.

55.

Les Commissaires des guerres assisteront à l'épreuve des poudres.

IL sera donné avis aux Commissaires des guerres & du Corps-royal, des épreuves de poudres qui devront se faire dans leurs départemens, & ils seront tenus de s'y transporter, afin d'être présens à l'épreuve & à la réception qui en seront faites par les Directeurs, ou par le plus ancien Officier d'Artillerie employé dans la Place. Ils dresseront & signeront le procès-verbal d'épreuve, & délivreront les certificats de réception à l'Entrepreneur général, pour obtenir son payement; ils veilleront à ce que ces poudres soient exactement pesées & convenablement embarillées.

56.

Fonctions des Commissaires dans les fonderies.

COMME les fontes de l'Artillerie demandent la plus grande attention, il y aura un Commissaire du Corps-royal dans chacune des villes du royaume où il existe une fonderie, lequel tiendra, de concert avec l'Officier chargé de l'inſpection de la fonderie, un état de chaque pièce de métal qui entrera dans les charges des fourneaux, en diſtinguant les quantités de métaux neufs & vieux qui ſeront employés. Il aſſiſtera auſſi aux épreuves de canons, mortiers & autres pièces d'Artillerie, & il en dreſſera & ſignera les procès-verbaux: tous les Officiers du Corps-royal employés dans leſdites Places ſeront appelés à ces épreuves.

57.

LEDIT Commiſſaire ſera tenu de vérifier l'exiſtence & la ſituation des outils & uſtenſiles fournis par Sa Majeſté, & dont le Fondeur eſt chargé.

58.

Ils aſſiſteront aux remiſes faites par les Fourniſſeurs & Entrepreneurs.

LES Commiſſaires des guerres & du Corps-royal ſeront tenus de ſe tranſporter dans les Places de leurs départemens, pour être préſens aux remiſes qui s'y feront pendant le cours de l'année par les Marchands, Entrepreneurs, Fourniſſeurs & autres auxquels il aura été paſſé des marchés particuliers. En conſéquence, il ſera donné avis auxdits Commiſſaires du temps auquel les fournitures devront être livrées dans les magaſins, afin qu'ils puiſſent s'y rendre à temps pour examiner ſi les fournitures ſont conformes aux marchés; ils dreſſeront des procès-verbaux de ces remiſes, leſquels ſeront ſignés, tant par eux que par l'Officier commandant l'Artillerie dans la Place, en préſence duquel ils ſeront faits, & qui aura particulièrement attention de vérifier la qualité des fournitures. Les Commiſſaires chargeront de ces effets les Gardes d'Artillerie, qui en donneront leurs reçus au bas des procès-verbaux; & ce ne ſera qu'en rapportant leſdits procès-verbaux revêtus de ces formalités, que les Entrepreneurs ou Fourniſſeurs pourront être autoriſés à demander le payement de leurs fournitures, parmi leſquelles, s'il s'en trouve qui ne ſoient pas conformes aux clauſes des marchés, les Commiſſaires du Corps-royal en rendront compte au Secrétaire d'État

3. Octobre 1774.

ayant le département de la guerre, & en préviendront le Directeur du département, ainsi que l'Intendant, si le marché a été passé devant lui.

TITRE IV.

Du Service des Mineurs dans les Places.

ARTICLE PREMIER.

Plan des Places à remettre au Commandant des Mineurs.

LORSQU'IL s'agira de préparer dans une Place, des défenses par les contre-mines, ou d'exécuter des mines de démolition, le Commandant des Ingénieurs remettra à celui des Mineurs, sur son reçu, un extrait du plan directeur de la Place, & des profils des parties de la fortification, dont la connoissance lui sera nécessaire pour l'exécution de ses projets.

2.

Devis des mines à remettre à l'Ingénieur.

QUAND il faudra exécuter un projet de mines qui aura été arrêté & ordonné par Sa Majesté, il en sera dressé, par le Commandant des Mineurs, des devis signés de lui, lesquels seront remis à l'Ingénieur en chef, pour que, sur ces devis & le reçu du Commandant des Mineurs, il lui fasse fournir les matériaux nécessaires pour l'exécution desdits projets.

3.

Choix des fronts à décider entre les Ingénieurs & les Mineurs.

DANS le cas où il n'y auroit point de projets arrêtés par Sa Majesté, & où l'on ne pourroit pas attendre des ordres à ce sujet, le Commandant du Génie & celui des Mineurs se réuniront chez celui des deux qui sera le plus élevé en grade, ou le plus ancien, à grade égal, pour convenir ensemble du choix des parties de la fortification qu'il seroit le plus à propos de contre-miner; ils iront ensuite faire part au Commandant de la Place du résultat de leurs réflexions, & prendront ses ordres.

4.

LE front étant déterminé, le Commandant des

Le Commandant des Mineurs, chargé exclusivement de l'exécution des projets de mines.

Mineurs propofera & dirigera les opérations, fera chargé de leur exécution, en rendra compte directement au Commandant de la Place, prendra immédiatement fes ordres fur ce qui regardera fon fervice, & informera de tout, par des mémoires & des plans, le Secrétaire d'État ayant le département de la guerre.

5.

Travaux des Mineurs à la fortification, tracés & arrêtés par l'Ingénieur.

LORSQUE les Mineurs exécuteront des travaux de fortification, autres que ceux des contre-mines, comme coupures, poternes & autres fouterreins, l'Ingénieur en chef en marquera la pofition fur le terrein, & en remettra les plans, coupes & profils aux Officiers de Mineurs, qui feront tenus de s'y conformer exactement, & feront feuls chargés de la direction du travail de leurs Soldats.

6.

Poudres & Outils fournis par l'Artillerie.

LES poudres dont les Mineurs auront befoin, ainfi que les outils & uftenfiles, feront tirées des magafins de l'Artillerie, fur le reçu du Commandant des Mineurs; & quand les travaux feront finis, ledit Commandant fera remettre au Garde d'Artillerie un état de ce qu'il aura confommé, ainfi que des effets qui lui refteront, & qu'il aura foin de faire remettre audit Garde, en en tirant un reçu, & en lui faifant tranfcrire cette remife fur fon regiftre.

7.

Toifés définitifs des travaux des mines.

LORSQUE les travaux de mines feront achevés, l'Ingénieur en chef, en préfence du Commandant & des autres Officiers de Mineurs, en fera le toifé général & définitif, qu'ils figneront tous; lequel toifé fervira au payement des Mineurs qui aura été réglé par l'Ingénieur en chef, fuivant la circonftance & la nature du travail.

8.

Lefdits travaux infcrits dans le livre in-folio de l'Ingénieur.

LES plans & les profils relatifs aux toifés & attachemens généraux des ouvrages de mines, feront infcrits, au même inftant qu'ils feront pris, dans le livre *in-folio* de l'Ingénieur en chef, deftiné à cet ufage pour les autres ouvrages

ouvrages de la fortification, & ils seront signés par le Commandant des Mineurs.

9.

Défenses aux Officiers des Mineurs, de communiquer ou conserver des plans.

LE Commandant des Mineurs ne pourra, sous les peines les plus graves, laisser prendre ou conserver pour lui aucune copie des plans qui lui auront été communiqués, ni de ceux des contre-mines qu'il aura exécutées; & lorsque lesdits travaux seront finis, il remettra lesdits plans au Commandant des Ingénieurs, en retirant son reçu.

10.

Officiers de Mineurs, instruits par le Commandant, du projet des contre-mines.

LORSQUE le Commandant des Mineurs, établira quelques contre-mines, il se fera accompagner & aider par les Officiers de Mineurs qu'il aura sous ses ordres, & auxquels il expliquera les raisons qui le déterminent dans la disposition de ses galeries, l'usage qu'il se propose d'en faire pour la défense de la Place, ainsi que les différentes opérations de leur construction. Il délivrera à ceux qui en seront chargés, partie des plans & les devis qui leur seront nécessaires; lesquels plans lesdits Officiers auront soin de lui remettre, lorsque les travaux seront finis, & de n'en conserver ni laisser prendre aucune copie, sous peine d'être cassés, & même de plus grande punition, suivant l'exigence du cas.

11.

Défense de laisser fréquenter les mines.

L'INTENTION de Sa Majesté est que l'on empêche avec soin la fréquentation des lieux où l'on exécute quelques travaux de mines, & que personne ne puisse visiter les galeries, qu'avec un ordre par écrit du Commandant de la Place.

TITRE V.

Du Service en général dans les anciennes Écoles du Corps-royal.

ARTICLE PREMIER.

CHACUNE des anciennes Écoles du Corps-royal de l'Artillerie, sera commandée par l'Officier que Sa Majesté nommera à cet emploi, & en son absence, par le Colonel ou le Lieutenant-colonel du régiment qui tiendra garnison dans la ville où ladite École sera établie.

Le Commandant de l'École aura toute autorité & commandement sur le régiment; il en règlera le service, & il se fera rendre compte, quand il le jugera à propos, de tout ce qui concerne la Troupe.

Il s'adressera au Secrétaire d'État ayant le département de la guerre, pour lui demander ce qui sera nécessaire au service de l'École.

2.

Les Officiers supérieurs assisteront à l'école de Pratique.

LE Commandant de l'École suivra par lui-même, autant qu'il le pourra, les exercices de Pratique; mais le Colonel & le Lieutenant-colonel seront alternativement commandés pour y présider: à la fin de ces exercices, ils informeront le Commandant des progrès & de l'assiduité des Officiers, afin de le mettre en état d'en rendre compte au Secrétaire d'État ayant le département de la guerre.

3.

Le Colonel & le Lieutenant-colonel, remplacés aux exercices de Pratique, par les Chefs de brigade.

LORSQUE le Colonel ou le Lieutenant-colonel seront absens ou malades, ils seront remplacés à l'École de Pratique par le premier Chef de brigade du bataillon qui aura été commandé ce jour-là pour ladite École, & le Major suppléera les Chefs de brigade.

4.

SA MAJESTÉ continuera d'entretenir dans chaque École

du Corps-royal un Professeur de Mathématiques, un Aide-professeur ou Répétiteur, & un Maître de Dessin. Il y aura en outre un Directeur du parc, un Sous-directeur & deux Conducteurs du charroi, dont un sera chargé des détails de Garde d'Artillerie du parc. Les fonctions des Officiers & Employés seront ci-après détaillées.

Maîtres entretenus dans chaque École.

5.

IL y aura école de Théorie ou de Pratique alternativement tous les jours de la semaine, excepté les Dimanches & Fêtes. Les jours de Théorie seront décidés par les jours de marchés, pendant lesquels le tir du canon pourroit incommoder davantage le concours des habitans.

Écoles de Théorie & de Pratique.

6.

LES Chefs de brigade & le Major rouleront entr'eux pour commander chaque jour aux écoles de Théorie; ce qui ne dispensera pas le Colonel & le Lieutenant-colonel d'y assister, autant que leurs autres fonctions pourront le leur permettre.

Chefs de brigade & Majors, rouleront pour le commandement à l'école de Théorie.

Il sera aussi commandé un Capitaine pour présider auxdites Écoles, sous l'autorité du Chef de brigade ou Major.

Un Capitaine y présidera.

7.

L'ÉCOLE de Pratique aura lieu le plus matin qu'il se pourra, dans les trois jours de la semaine qui lui seront assignés.

8.

ON observera de faire fournir les Gardes & les Travailleurs par un même bataillon, afin que celui qui sera commandé pour l'école de Pratique puisse y aller en entier.

Gardes & Travailleurs pour l'École.

TITRE VI.

Du service particulier des Mineurs à l'École destinée pour ce Corps.

ARTICLE PREMIER.

Commandement de l'École.

LE Commandant particulier du Corps des Mineurs, établi par l'article 48 du Titre premier de la présente Ordonnance, sera chargé des fonctions du Commandant de l'École destinée pour ce Corps; &, en son absence, l'Officier le plus élevé en grade commandera ladite École. Les Officiers de Mineurs n'en seront cependant pas moins tenus envers le Commandant particulier de la compagnie à laquelle ils seront attachés, à la même subordination à laquelle ils seroient obligés si ladite compagnie étoit détachée.

2.

SA MAJESTÉ entretiendra dans l'École établie pour le Corps des Mineurs, un Professeur de Mathématiques, & un Répétiteur qui sera en même temps Maître de Dessin.

3.

Obligations des Officiers, sur l'étude des Mathématiques.

LES Capitaines en second, ainsi que les Lieutenans en premier & en second, à l'exception des Adjudans, suivront exactement les salles de Mathématiques; & tous ceux qui y assisteront, se conformeront sur tout ce qui a rapport à l'étude des Sciences physico-mathématiques & du Dessin, aux règlemens du Corps-royal, & à ceux qui seront faits en particulier pour le Corps des Mineurs, sur les objets qui sont du ressort du Professeur de Mathématiques & du Maître de Dessin.

4.

Obligations des Capitaines,

A l'égard de la théorie des Mines & de tous les objets qui y seront relatifs, dont les instructions seront confiées au au Chef de brigade ou à celui qui en ſera les fonctions, il ſera fait à ce ſujet des règlemens particuliers, auxquels tous les Capitaines ſeront tenus de ſe conformer, ainſi que les autres Officiers, qui étant aſſez inſtruits dans les connoiſſances préliminaires, auront été diſpenſés par l'Inſpecteur commandant en chef, de ſuivre les exercices du Profeſſeur de Mathématiques.

ſur l'étude de la Théorie-pratique des mines.

5.

Exercice de Pratique pour les mines.

L'ÉCOLE-PRATIQUE pour les Mineurs aura lieu pendant le printemps, l'été & l'automne, ſuivant les projets qui auront été arrêtés par le Commandant en chef, pour l'inſtruction des Officiers & Soldats Mineurs, leſquels feront ce ſervice entr'eux, ſuivant les règlemens qui ſeront arrêtés à ce ſujet, de manière qu'ils puiſſent être ſuivis à la guerre comme à l'École.

6.

Conduite des travaux extérieurs.

LE Chef de brigade, ou celui qui en ſera les fonctions, ſera ſpécialement chargé, ſous l'autorité du Commandant du Corps des Mineurs, de diriger les ouvrages extérieurs, comme baſtions, demi-lunes, lunettes, batteries, ſapes & autres travaux qui doivent accompagner les opérations des Mines.

7.

Officiers de Mineurs, ſeront inſtruits pour concourir, avec les Ingénieurs, à la prompte exécution des retranchemens.

CET Officier aura ſoin, dans la conduite des différens travaux, de faire inſtruire les Mineurs par leurs Officiers & bas Officiers, de manière qu'ils entendent les profils des ouvrages & retranchemens, qu'ils ſachent gazonner, faſciner, conduire les talus, employer les pailles & brouſſailles pour ſoutenir les terres, placer & diſtribuer diligemment des Travailleurs dans le tracé des ateliers, afin que, dans les circonſtances de la guerre où les moyens ordinaires des Ingénieurs ne pourroient pas ſuffire pour exécuter en peu de temps de grands retranchemens, ils puiſſent trouver des ſecours dans les compagnies de Mineurs.

8.

LE Directeur du parc de l'école des Mineurs ſera choiſi

Choix du Directeur & du Garde du parc.

parmi les Capitaines en premier, & nommé par le Secrétaire d'État ayant le département de la guerre, d'après la proposition que lui en fera le Commandant en chef, qui pourra lui adjoindre, pour l'aider, un Capitaine en second, ou un Lieutenant s'il le juge à propos: ledit Commandant en chef choisira de même, parmi les Fourriers ou Sergens de Mineurs, un sujet auquel il confiera les fonctions de Garde du parc. Le Directeur & ce Garde observeront ce qui leur sera prescrit par le règlement particulier.

9.

Exercices d'Infanterie.

LES Mineurs seront exercés par l'Aide-major du Corps & par les Adjudans des compagnies, au maniement des armes & aux évolutions qui leur conviennent, pendant l'hiver; & dans les autres saisons, les jours où ils ne seront point occupés de leurs travaux.

10.

LORSQUE quelque compagnie de Mineurs sera détachée dans les anciennes écoles du Corps-royal, elle y sera immédiatement aux ordres du Commandant de l'École; & l'Officier qui commandera cette compagnie, proposera à ce Commandant les projets des Mines à exécuter. Les Officiers des Mineurs donneront à ceux des régimens qui seront nommés par le Commandant de l'École, des instructions sur la conduite & le service des Mines, pour qu'au défaut de Mineurs, ils puissent dans l'occasion, en faire usage à la guerre.

TITRE VII.

Des Exercices de Théorie & de Pratique dans les anciennes Écoles.

ARTICLE PREMIER.

Partie du régiment doit aller chaque jour à l'école de Pratique.

ON mènera chaque fois à l'École de Pratique la moitié des Canonniers & Sapeurs de chaque régiment, c'est-à-dire, un bataillon. Quant aux Bombardiers, le

3. Octobre 1774

Commandant de l'École les y fera aller tous, de deux exercices l'un, ou tous les jours d'exercice, s'il le juge à propos; & dans ce cas il sera le maître de les exempter de la garde & des travaux, en tout ou en partie.

2.

Instruction des Sapeurs.

LES compagnies de Sapeurs qui dans les siéges ne doivent être occupées qu'à la sape, devant néanmoins, dans les autres circonstances de la guerre, être employées à servir le canon de bataille, seront instruites, 1.° à la sape; 2.° à l'exécution du canon de bataille; 3.° à la partie de l'artifice relative à la conservation & aux réparations des munitions nécessaires à ce canon; 4.° enfin aux différentes manœuvres. Leurs instructions sur ces divers objets seront partagées de façon que de huit exercices elles en emploient un à la manœuvre, un à l'artifice, deux au canon de bataille, & quatre à la sape.

3.

Instruction des Canonniers.

LES compagnies de Canonniers auront quatre objets d'instruction; savoir, la construction des batteries, la manœuvre, la partie de l'artifice qui leur est propre, & enfin le tir du canon qui se subdivise en canon de place, de siége & de bataille. Ces compagnies feront le service du canon de place par demi-escouades, & serviront l'autre canon par des escouades entières. On emploiera, chaque jour d'exercice, une demi-compagnie au tir de quatre pièces de place, une compagnie & demie au tir de six pièces de siége, deux compagnies à l'exécution de huit pièces de bataille, deux autres à la construction des batteries, & la septième compagnie sera occupée une fois à la manœuvre, & une fois à l'artifice; de sorte qu'en quatorze exercices un Canonnier aura passé une fois au tir du canon de place, à la manœuvre & à l'artifice, trois fois au tir du canon de siége, quatre fois à celui du canon de bataille, & quatre fois à la construction des batteries.

4.

LES compagnies de Bombardiers auront six objets

Instruction des Bombardiers. d'instruction; savoir, le service du mortier, celui des pierriers, obusiers, le tir du canon de bataille, la construction des batteries, l'artifice & la manœuvre; elles serviront les mortiers par demi-escouades, & feront les autres services par escouades entières. On emploiera, chaque jour d'école, une compagnie pour servir huit mortiers ou pierriers, & une autre pour servir quatre obusiers. La troisième compagnie sera employée, de deux écoles l'une, alternativement au canon de réserve & à la construction des batteries, & la quatrième aussi alternativement à l'artifice & à la manœuvre; de sorte qu'en huit écoles un Bombardier aura passé deux fois au service du mortier, autant à celui des obusiers, & une fois seulement au canon de bataille, à la construction des batteries, à l'artifice & à la manœuvre.

5.

Bouches à feu à mettre en batterie & à manœuvrer en plaine. POUR exercer les Sapeurs, Canonniers & Bombardiers, comme il est ordonné par les articles précédens, on mettra en batterie six pièces de canon montées en affût de siége, dont trois du calibre de 24, & trois de celui de 16; quatre autres pièces montées en affût de place, dont une de 16, deux de 12, & une de 8; deux obusiers de 8 pouces, trois mortiers de 12 pouces, trois de 8 pouces, & deux pierriers; & pour manœuvrer en plaine, on aura quatre pièces de canon de chacun des calibres de 12, 8 & 4, montés sur des affûts de bataille, & deux obusiers de 6 pouces.

6.

Les Sapeurs travailleront armés. ÉTANT nécessaire d'accoutumer les Sapeurs à travailler avec leurs cuirasses & leurs pots en tête, afin de prévenir qu'ils n'en soient trop incommodés à la guerre, faute d'habitude, on observera de les armer dans les écoles, comme s'ils avoient à craindre le feu de l'ennemi, & on ne leur permettra pas de quitter leur armement pendant la durée du travail.

7. L'EXERCICE

7.

L'EXERCICE du canon & des mortiers n'étant jamais commandé à la guerre par les Officiers de l'État-major des régimens, & l'étant toujours par les Officiers des compagnies, les Capitaines desdites compagnies les commanderont aux écoles; cependant chacun d'eux aura attention d'en charger ordinairement ses subalternes, pour les y accoutumer.

L'exercice du canon & des mortiers; par qui commandé.

Il en sera de même pour les manœuvres d'Artillerie, qui seront toujours commandées par les Capitaines & les Officiers des compagnies.

Le Commandant de l'École aura soin aussi de faire faire à l'École de Pratique le service de Soldat par les Officiers qui entreront dans les régimens pendant le temps qu'il jugera nécessaire pour leur apprendre à servir les différentes bouches à feu, & à pouvoir exécuter eux-mêmes toutes les manœuvres qu'ils seront dans le cas de commander par la suite; ils ne feront aucun service d'Officier qu'ils n'aient été jugés par ledit Commandant d'École être suffisamment instruits dans tous les exercices de Pratique.

8.

LE Directeur du parc de l'École, établi par l'article 4 du Titre V de la présente Ordonnance, sera choisi parmi les Capitaines en premier du régiment; le Sous-directeur du parc le sera parmi les Capitaines en second attachés à l'École : l'un & l'autre seront proposés par le Commandant de l'École au Secrétaire d'État ayant le département de la guerre, qui les nommera. Le Commandant pourra donner au Directeur un Lieutenant en premier, & au Sous-directeur un Lieutenant en second pour les aider; observant que le Lieutenant en premier soit du même bataillon que le Directeur, & que le Lieutenant en second soit de l'autre bataillon; par ce moyen, le Directeur & son Aide feront le service de leurs

Choix du Directeur & du Sous-directeur du parc, ainsi que leurs Aides.

compagnies quand leur bataillon ſera d'École; & cejour-là le Sous-directeur & ſon Aide feront leurs fonctions.

Leurs Services. Le Directeur & le Sous-directeur pourront alterner entr'eux pour les jours d'exercice auquel le bataillon du Directeur ne ſera pas d'École; mais l'Aide du Sous-directeur fera toujours le ſervice à ſa compagnie, quand elle ſera d'exercice. Le Commandant pourra, s'il le juge à propos, diſpenſer le Directeur de préſider à ſon tour à la ſalle de Mathématiques.

9.

Fonctions du Directeur. Le Directeur du parc ſera chargé, ſous l'autorité du Commandant en chef, de pourvoir le parc de l'École de tout ce qui y ſera néceſſaire; il y commandera, ſous la même autorité, & y fera placer les gardes & ſentinelles qu'il jugera convenables; il aura toute autorité ſur le Garde du parc, & il veillera à ce qu'il rempliſſe avec exactitude les fonctions de ſon emploi; il veillera pareillement à l'entretien des attirails & des bâtimens deſtinés à les renfermer, & rendra compte au Commandant de tout ce qui pourra mériter ſon attention.

10.

Fonctions du Sous-directeur. Le Sous-directeur du parc aidera le Directeur dans toutes ſes fonctions, & le remplacera au beſoin.

11.

Fonctions des Conducteurs & Gardes du parc. L'un des Conducteurs du charroi fera les fonctions de Garde d'Artillerie du parc & le ſervice de la direction de l'Artillerie, de façon que chacun d'eux remplira l'un ou l'autre de ces ſervices.

Comme preſque toutes leurs opérations ne peuvent ſe faire ſans le ſecours de Soldats qu'il eſt néceſſaire qu'ils leur obéiſſent, Sa Majeſté donne aux Conducteurs le rang de Sergent.

12.

Celui qui fera les fonctions de Garde, ſe chargera, au commencement de l'année, de toutes les bouches à feu,

3. Octobre 1774

effets, munitions & attirails d'Artillerie compoſant l'équipage du parc de l'École, par un inventaire fait en préſence du Directeur du parc, lequel ſera tranſcrit ſur un regiſtre qui ſera coté & paraphé par le Commiſſaire des guerres & du Corps-royal. Ce Garde aura un ſecond regiſtre qui ſera pareillement coté & paraphé, & ſur lequel il tranſcrira les remiſes & conſommations d'effets & de munitions qui ſe feront journellement; il formera, tous les trois mois, un état de ces remiſes & conſommations; & lors des changemens des Gardes, il ſera fait une vérification réelle des effets dont il aura été chargé; après quoi on procédera à l'inſtallation de ſon ſucceſſeur, & à un nouvel inventaire.

13.

Le Garde d'Artillerie du parc ne fera aucune livraiſon des munitions ou effets qui ſeront à ſa charge, ſans un ordre du Directeur, & il ſera tenu de ſe conformer à tout ce qui eſt preſcrit pour les Gardes d'Artillerie dans les Places & aux Armées.

14.

Inventaires & états de remiſes & conſommations; par qui certifiés & envoyés.

Les inventaires & les états de remiſes & conſommations ſeront, non-ſeulement certifiés par les Gardes d'Artillerie, mais auſſi par le Directeur & le Sous-directeur du parc; ils ſeront enſuite vérifiés par le Commiſſaire des guerres & du Corps-royal employé dans le département, & viſés par le Commandant de l'École. Le Directeur du parc adreſſera tous les ans, une expédition de cet inventaire au Secrétaire d'État ayant le département de la guerre, &, tous les trois mois, les états de remiſes & de conſommations.

15.

Conſtructions & réparations; par qui propoſées.

Le Commandant de l'École auquel le Directeur du parc rendra compte journellement des conſommations, des effets à remplacer, des dépenſes faites & des dépenſes à faire, décidera, relativement à l'état des fonds accordés pour l'École, des projets de constructions & de réparations qui pourront être proposés, & il en enverra les états à la fin de chaque année au Secrétaire d'État ayant le département de la guerre, pour être approuvés: ils seront signés du Directeur du parc, & visés par ledit Commandant.

16.

Remises & consommations de l'école de Dessin.

LE Directeur & le Sous-directeur du parc seront chargés de veiller de même aux remises & consommations de l'école de Dessin, ils en fourniront des états particuliers; & il en sera usé, soit pour les dépenses faites, soit pour les dépenses à faire, comme il est ordonné par l'article précédent pour celles du parc, en observant de ne pas excéder, tant pour les unes que pour les autres, les fonds qui leur seront accordés.

17.

Salle de Mathématiques.

LES trois jours de la semaine qui ne seront pas employés à l'école de Pratique, le Professeur ouvrira tous les matins, à neuf heures, la salle de Mathématiques, qui se tiendra pendant trois heures.

18.

CES trois heures seront divisées en deux parties, d'une heure & demie chacune.

Les Officiers qui devront se trouver à la salle, seront aussi divisés en deux classes, qui seront réglées par le Commandant de l'École, suivant la capacité desdits Officiers, & sans égard à leur ancienneté.

19.

LA première classe sera composée des Officiers les moins instruits; ils y seront d'abord entretenus & raffermis dans les premiers principes; après quoi on leur donnera des leçons du Calcul littéral & de l'application de l'Algèbre à la Géométrie.

On leur fera faire aussi des applications de la théorie à la pratique; & on aura attention de diriger toutes ces instructions,

7. Octobre 1774

instructions, sur-tout aux objets les plus nécessaires à un Officier d'Artillerie.

20.

ON expliquera dans la seconde classe les Mécaniques & l'Hydraulique, qu'on appliquera aussi aux machines en usage, & qui peuvent être utiles à l'Artillerie. On donnera aux Officiers qui composeront cette classe, des leçons de Fortification, dans lesquelles on discutera les avantages & les imperfections des différens systèmes. On donnera aussi à cette classe, pendant une partie de l'année, au choix du Commandant, des leçons abrégées de Physique & de Chimie, sur les parties dont la connoissance est utile à l'Artillerie.

21.

Officiers qui doivent s'y trouver.

LES Lieutenans en second tirés du corps des Fourriers & Sergens, seront dispensés de ces salles; les autres Lieutenans en second & tous les Lieutenans en premier seront obligés de s'y trouver à l'heure indiquée, & d'y suivre, chacun dans la classe où il aura été placé, les instructions qui y seront données.

Ceux qui pourront en être exemptés.

Si cependant quelques-uns de ces Officiers étoient reconnus par l'Inspecteur avoir des connoissances supérieures à celles qu'on donnera à la salle, il pourra les en exempter pour les mettre à portée d'employer plus utilement leur temps chez eux.

22.

Compte à rendre des Officiers qui auront manqué à la salle.

L'INTENTION du Roi étant qu'aucun des Officiers qui doivent assister à cette salle, ne s'en dispense sans des raisons légitimes, celui qui en aura de cette nature, en fera informer le Sous-aide-major de semaine, chez lequel un des Adjudans ira prendre l'état des Officiers qui pourront se trouver dans ce cas; il se transportera ensuite à la salle, pour voir si tous les autres Officiers y sont, & rendra compte au Commandant qui s'y trouvera, de ceux qui pourront y manquer, & des raisons de leur absence: ce Commandant en rendra compte au Commandant de l'École, qui fera mettre aux arrêts, & même en prifon, fuivant l'exigence du cas, ceux qui fe feront abfentés fans caufe légitime.

23.

Affemblées des Capitaines.

LES Capitaines s'affembleront un jour de chaque femaine, au choix du Commandant, dans la falle de Mathématiques, pour y traiter, par forme de conférence, les différentes parties de l'Artillerie: ces affemblées fe tiendront l'un des jours d'école de Pratique, dans le temps de l'année où elle aura lieu, depuis quatre heures jufqu'à fix de l'après-midi, & depuis dix heures du matin jufqu'à midi, lorfque lefdits exercices auront ceffé.

24.

Matières qu'on y traitera.

ON traitera, dans ces conférences, des conftructions & machines de l'Artillerie, dont on difcutera les principes; des manœuvres, des fonderies, des proportions des différentes bouches à feu, & de la façon de les charger & pointer, pour en tirer les effets qu'on fe propofe; de la fabrique des poudres, des procédés en ufage dans les différentes manufactures d'armes, des fers coulés; & enfin on fera des applications des Mécaniques, de la Phyfique & de la Chimie, à tout ce qui a rapport au matériel de l'Artillerie.

25.

ON s'y inftruira de l'approvifionnement des Places pour leur défenfe, de celui des équipages de campagne & de fiége, des fonctions des Directeurs, Sous-directeurs & Officiers de l'Artillerie en réfidence, relativement aux travaux qu'ils peuvent être chargés de faire exécuter, à la comptabilité des dépenfes qu'ils occafionnent, & au bon ordre qu'ils doivent faire obferver par les Gardes d'Artillerie.

26.

ON y parlera des Mines, pour qu'un Capitaine ait quelques connoiffances fur cette matière, & qu'il puiffe, en cas de néceffité, fuppléer au défaut des Mineurs: on

7. Octobre 1774.

y traitera des fortifications, relativement à l'attaque & à la défenſe des Places, & de la diſpoſition la plus avantageuſe des batteries dans les deux cas; on y parlera auſſi de la tactique & de la façon de tirer le meilleur parti de ſon canon en campagne; enfin on ne négligera, dans ces conférences, aucun des objets qui pourront procurer aux Officiers du Corps-royal les connoiſſances néceſſaires pour remplir avec honneur les fonctions dont ils devront être chargés, & qui tendront à perfectionner le ſervice de Sa Majeſté dans cette partie.

27.

Ceux qui devront ſe trouver à ces aſſemblées.

LE Profeſſeur de Mathématiques ſera toujours préſent à ces aſſemblées, & le Commandant de l'École pourra y admettre ceux des Lieutenans qu'il en jugera capables, & qu'il aura reconnu avoir acquis les connoiſſances préliminaires qui y ſeront néceſſaires.

Les Capitaines en ſecond employés dans les Places ou à l'École, auront auſſi droit de s'y trouver, lorſque leurs fonctions particulières ne les en empêcheront pas.

28.

Ordre à obſerver dans le choix des matières qu'on traitera à ces aſſemblées.

LES Chefs de brigade propoſeront au Commandant les matières qu'ils ſe croiront en état de traiter dans l'aſſemblée des Capitaines: ils lui communiqueront les détails de leurs projets ſur ces matières; & quand il les aura approuvés, les Chefs de brigade conviendront enſemble, & avec l'agrément du Commandant, de l'ordre qu'ils obſerveront entr'eux pour traiter ces différens objets.

Le Chef de brigade qui aura été déſigné pour traiter une matière, en dirigera la diſcuſſion, & les autres Chefs de brigade s'y trouveront.

Par qui ces aſſemblées ſeront préſidées.

Le Commandant de l'École, ainſi que le Colonel & le Lieutenant-colonel s'y trouveront auſſi quand leurs occupations pourront le leur permettre, non-ſeulement pour exciter l'émulation des Officiers par leur préſence, mais aussi pour les aider de leurs lumières, & leur faire part de leurs connoissances.

Il sera rendu compte à l'Inspecteur général, lors de son inspection, des différens sujets qui auront été traités, & les Chefs de brigade lui remettront les mémoires relatifs qu'ils croiront être intéressans & utiles au service. Cet Inspecteur enverra lesdits mémoires au Secrétaire d'État ayant le département de la guerre, & lui en fera connoître les auteurs.

29.

Salle de Dessin.

LES Lieutenans en premier & en second, autres que ceux tirés du Corps des Sergens, seront instruits au Dessin, & divisés en deux classes par le Commandant, qui sera cette division suivant la capacité, & sans égard à l'ancienneté desdits Officiers.

30.

Sera divisée en deux classes.

LA première classe sera composée des Officiers les moins instruits, lesquels se rendront à la salle de Dessin deux fois par semaine, les après-midi des deux premiers jours destinés à l'école de Théorie, & ils y seront occupés, pendant deux heures, à dessiner les plans & les profils de la fortification & les attirails les plus simples de l'Artillerie: on leur donnera aussi les principes du lavis.

31.

LA seconde classe se tiendra dans la même salle l'après-midi du troisième jour destiné à l'école de Théorie, & y sera occupée aussi pendant deux heures au Dessin & au lavis des plans, profils, cartes, & sur-tout des attirails, machines & outils de l'Artillerie.

Le Maître de Dessin distribuera les modèles aux uns & aux autres, & leur donnera les leçons relatives à leur force. Il sera chargé de la garde & de la distribution des règles, papiers, couleurs & autres choses nécessaires au Dessin, à l'exception des petits compas, crayons, plumes & pinceaux dont chaque Officier se pourvoira; il sera

responsable

responsable au Directeur du parc de ce qui sera à sa charge; & il observera, pour les inventaires & les états de remises & consommations de ces effets, tout ce qui doit être observé pour ceux de l'Artillerie par les Gardes du parc.

32.

LE Commandant de l'École sera le maître d'exempter des salles de Dessin, les Officiers qu'il trouvera assez instruits, & qu'il jugera pouvoir employer plus utilement leur temps chez eux.

33.

Par qui les salles de Dessin & de Physique seront présidées.

LE Capitaine qui aura présidé à l'école de Théorie du matin, présidera de même l'après-midi à l'école de Dessin. Il veillera à ce que tout s'y passe avec la décence & l'application convenables. Il informera le Commandant de jour, de l'assiduité & des progrès de chaque Officier; & ce Commandant en rendra compte ensuite, ainsi que de ses observations particulières, au Commandant de l'École.

34.

Examen des Lieutenans.

L'INSPECTEUR général fera tous les ans un examen des Lieutenans du régiment, sur les parties qui leur auront été enseignées aux salles, & il en enverra le résultat, avec son avis, au Secrétaire d'État ayant le département de la guerre. Le Commandant de l'École les examinera de son côté tous les six mois.

35.

Instruction des Sergens.

L'APRÈS-MIDI de chaque jour d'école de Pratique, le Répétiteur de Mathématiques qui, le matin, aura occupé la chaire de Professeur, l'occupera une seconde fois pendant deux heures, pour enseigner, pendant la première, les quatre premières règles de l'Arithmétique à tous les Sergens du régiment, & même aux Soldats qui auront l'ambition de parvenir à leur grade; & donner, pendant la seconde, à ceux desdits Sergens & Soldats qui voudront pouſſer plus loin leur inſtruction, les leçons de Théorie-pratique qui peuvent les conduire à mieux remplir leurs fonctions dans tout ce qui les concerne à la guerre, ou dans les manœuvres qu'ils ont à commander ou à exécuter. Les Lieutenans en premier du régiment feront commandés, chacun à ſon tour, pour préſider à leur inſtruction. Celui qui ſera de jour rendra compte au Colonel, pour le mettre en état de connoître la capacité des Sergens, & celle des Soldats que le concours peut élever à leur grade.

Il s'y trouvera auſſi chaque jour un des Adjudans, pour ſavoir ſi les Sergens qui ont dû y aller, s'y ſont effectivement trouvés; & il en rendra compte à l'Aide-major qui informera le Colonel quand quelqu'un y aura manqué.

36.

TOUS les Officiers des régimens du Corps-royal auront ſoin de prendre dans les arſenaux de conſtruction, le plus de connoiſſances qu'ils pourront de tous les travaux qui s'y exécutent. Ils s'attacheront à connoître les principales dimenſions des pièces & de tous les attirails, le calibre ordonné pour chaque eſpèce de fer coulé, le poids des principales munitions d'Artillerie, & enfin le prix commun des bois, fers & autres matériaux dans les différentes provinces où les régimens ſe trouveront en garniſon.

37.

LES connoiſſances des fers, des métaux, des poudres & des bois étant néceſſaires aux Officiers du Corps-royal, & ces connoiſſances ne pouvant s'acquérir qu'à l'aide de celles de la Phyſique & de la Chimie, l'intention de Sa Majeſté eſt que les Profeſſeurs de Mathématiques donnent dans les ſalles, des inſtructions fréquentes & détaillées ſur les parties de ces deux ſciences qui peuvent être relatives à ces différens objets. Les Commandans des Écoles rendront compte au Secrétaire d'État ayant le département

7 . Octobre 1774.

de la guerre, des Officiers qui négligeroient de profiter de ces instructions.

38.

LE Commandant choisira de temps en temps quelques beaux jours, pris sur ceux destinés à la théorie, pour faire faire sur le terrein, par le Professeur de Mathématiques ou le Répétiteur, des applications de la théorie à la pratique, ainsi que pour apprendre à lever des plans, profils & cartes, & faire des opérations analogues à la force de chaque Officier: ce Commandant décidera si les deux classes devront y aller ensemble ou séparément.

Les Chefs de brigade choisiront aussi quelques-uns de ces beaux jours pour mener les Officiers de leurs brigades sur le terrein, & leur apprendre à se former le coup d'œil, à reconnoître les Places, & à disposer les batteries pour leur attaque le plus avantageusement qu'il est possible.

39.

ON donnera aussi aux Officiers les connoissances les plus nécessaires pour l'établissement des ponts, soit en y employant de grands bateaux, des bateaux portatifs ou des pontons, même à faire des ponts avec des chevalets, lorsque l'occasion le requiert; cette instruction, plus particulière aux Officiers d'Ouvriers, ne devant pas être étrangère à tout Officier du Corps-royal de l'Artillerie, qui doit être propre indifféremment à toutes les espèces de service confiées à ce Corps.

40.

L'INTENTION de Sa Majesté est que l'on suive scrupuleusement dans toutes les Écoles l'exercice qui sera réglé pour le canon de siége, de Place & de bataille, ainsi que pour toutes les autres bouches à feu généralement quelconques.

TITRE VIII.

Du Service du Corps-royal en campagne.

ARTICLE PREMIER.

Composition de l'État-major des équipages.

LORSQUE Sa Majesté voudra mettre un équipage d'Artillerie en campagne, Elle nommera l'Officier qu'Elle destinera pour le commander en chef, avec un ou plusieurs Commandans en second, un Major & des Aides-major de l'équipage, un Directeur & un Sous-directeur du parc, ainsi que les Officiers de différens grades qu'Elle jugera à propos de tirer des Places pour servir à la suite dudit équipage, & aider à la manutention & aux détails.

Sa Majesté nommera pareillement le Commissaire des guerres & du Corps-royal, ainsi que les Gardes, Aumônier, Chirurgien, Conducteurs de charroi, Artificiers, Ouvriers d'État qui seront jugés nécessaires à la suite dudit équipage, auquel tous les Officiers & Employés énoncés ci-dessus resteront attachés pendant toute la campagne, jusqu'à ce qu'ils soient licenciés.

2.

Établissement d'un Commis du Trésorier général.

LE Trésorier général du Corps-royal de l'Artillerie tiendra, à la suite dudit équipage, un Commis qui sera chargé de la Caisse destinée au payement de tout ce qui a rapport au Corps-royal & au service de l'Artillerie.

3.

Division de l'Artillerie à l'armée.

L'ARTILLERIE sera divisée en deux parties, dont l'une sera distribuée aux bataillons d'Infanterie dont l'armée sera composée; l'autre le sera, en conséquence des ordres du Général de l'armée, en deux ou trois réserves qui seront placées à la droite, à la gauche & au centre de la ligne d'Infanterie. L'Artillerie de chaque réserve sera nécessairement partagée en divisions de huit pièces de même calibre, afin de pouvoir attacher une compagnie à chacune de ces divisions, & donner deux pièces à chaque escouade.

Les

Les obuſiers ſeront placés à la réſerve du centre, ou à celle de l'une des ailes, s'il n'y a point de réſerve au centre.

4.

Les canons de l'Infanterie ſervis déſormais par le Corps-royal.

Il ſera affecté déſormais deux pièces de canon à chacun des bataillons d'Infanterie qui entreront en campagne, à l'exception de ceux de la Maiſon du Roi; mais ces pièces ne ſeront plus ſervies à l'avenir par des Sergens & Soldats deſdits bataillons; Sa Majeſté dérogeant à cet égard à toutes les Ordonnances antérieures. Il ſera nommé, au commencement de la campagne, le nombre néceſſaire de compagnies du Corps-royal pour le ſervice deſdites pièces de canon. Les Capitaines de ces compagnies ſeront aux ordres des Commandans des brigades d'Infanterie auxquelles elles ſeront attachées; leſquels Commandans auront pareillement la diſpoſition des canons affectés à leurs brigades: Veut cependant Sa Majeſté que les Chefs de brigade & autres Officiers ſupérieurs du Corps-royal aient toujours l'inſpection ſur le ſervice & la manutention deſdites bouches à feu, ainſi que ſur les compagnies qui auront été nommées pour les ſervir.

5.

Canonniers deſtinés au canon d'Infanterie & à celui de réſerve.

Les compagnies de Sapeurs ſeront toujours deſtinées de préférence au ſervice du canon d'Infanterie: celles de Canonniers ſerviront le canon de réſerve & celui de l'Infanterie; obſervant de donner, dans chaque brigade, le canon de réſerve, & les plus gros calibres aux plus anciennes compagnies.

Les compagnies de Bombardiers ſerviront les obuſiers, & au défaut de Canonniers, elles ſerviront auſſi le canon de bataille; mais on leur donnera toujours du canon de réſerve, & jamais celui de l'Infanterie. Lorſque les bouches à feu, tant de l'Infanterie que de la réſerve, auront été diſtribuées aux différentes compagnies, elles les conſerveront juſqu'à la fin de la campagne, à moins qu'il ne ſurvienne un ſiége ou quelques autres cas particuliers qui obligent indiſpenſablement de les leur changer.

6.

Ordre de bataille des régimens du Corps-royal.

LORSQU'APRÈS l'aſſemblée de l'armée il ſera queſtion de faire la diſtribution générale de l'Artillerie ſur la ligne, s'il ſe trouve deux régimens du Corps-royal à ladite armée. le premier ſera chargé de l'artillerie de la droite, en commençant par cette droite, & s'étendant vers le centre ; le ſecond régiment ſera chargé de l'artillerie de la gauche en commençant par la gauche, & s'étendant auſſi vers le centre.

7.

S'IL n'y a qu'un régiment d'Artillerie à l'armée, les deux bataillons de ce régiment en uſeront entr'eux, comme il eſt ordonné par l'article précédent pour deux régimens.

8.

S'IL ſe trouve à l'armée un régiment du Corps-royal avec une partie d'un autre, le régiment entier ſervira l'artillerie de la droite, en s'étendant ſur la gauche autant que ſa force le lui permettra; & la partie de l'autre régiment ſervira l'artillerie de la gauche.

9.

LORSQUE l'on deſtinera une ou pluſieurs compagnies de Bombardiers à ſervir du canon de réſerve, les compagnies prendront leur canon dans la réſerve à laquelle ſeront affectés les obuſiers, afin que le Chef de brigade de Bombardiers puiſſe, autant que faire ſe pourra, veiller ſur toutes ſes compagnies.

10.

LES bataillons d'un même régiment ſe formeront entr'eux, ſuivant l'uſage, par droite & par gauche; c'eſt-à-dire que, lorſqu'un régiment ſera à la droite de l'armée, la première brigade du premier bataillon aura la droite, & la première du ſecond aura la gauche du régiment. Cet ordre ſera renverſé, ſi le régiment eſt à la gauche de l'armée.

11.

LES Chefs de brigade fourniront ordinairement deux de leurs compagnies pour le ſervice du canon de l'Infanterie, & garderont avec eux les deux autres, pour ſervir deux diviſions de pièces de canon de réſerve. S'il ſe trouvoit cependant qu'il y eût moins de bouches à feu à la réſerve, que l'Infanterie n'en auroit, il faudroit, dans ce cas, qu'un ou pluſieurs Chefs de brigade fourniſſent trois de leurs compagnies à l'Infanterie, ne gardant avec eux, à la réſerve, que la compagnie qui leur reſteroit.

12.

Première & ſeconde lignes à fournir par les brigades.

LORSQUE la place que les brigades d'Artillerie devront occuper en bataille ſera marquée, chacune deſdites brigades fournira au ſervice du canon d'Infanterie qui ſe trouvera le plus à ſa portée; obſervant que les plus anciennes compagnies fourniſſent la première ligne, & les moins anciennes, la ſeconde.

13.

LA première diſtribution des troupes du Corps-royal étant une fois faite, conformément aux articles précédens, Sa Majeſté laiſſe à la prudence du Commandant en chef de l'Artillerie, d'y faire les changemens que ceux qui arriveront dans la ligne néceſſiteront dans l'Artillerie; obſervant toujours de raſſembler, autant que faire ſe pourra, les compagnies d'une même brigade, & les brigades d'un même bataillon.

14.

Troupes d'Infanterie affectées au ſervice de l'Artillerie en campagne.

L'INTENTION de Sa Majeſté étant d'affecter au ſervice de l'Artillerie, en entrant en campagne, des bataillons provinciaux ou autres de ſes Troupes, Elle entend que leſdits bataillons ou compagnies ſoient répartis par le Commandant de l'Artillerie, & affectées aux différentes réſerves, ainſi qu'au grand parc & aux pontons, pour fournir aux gardes ordinaires & aux manœuvres de l'Artillerie; & Elle veut que leſdites Troupes exécutent, ou faſſent exécuter ſans difficulté tout ce qui leur ſera preſcrit pour le ſervice, par les Officiers du Corps-royal avec leſquels elles ſeront détachées.

15.

LES Troupes qui ſeront affectées au ſervice de l'Artillerie, ſeront en nombre à peu près égal à celui des Soldats du Corps-royal qui ſerviront les réſerves d'Artillerie : ce nombre ſera augmenté, ſelon le beſoin, pour fournir aux gardes des Officiers ſupérieurs de l'Artillerie auxquels il en ſera dû.

16.

Diſtribution de l'Infanterie attachée au ſervice de l'Artillerie.

LE Commandant de chaque réſerve diſtribuera les détachemens d'Infanterie qui auront été affectés pour toute la campagne au ſervice de l'Artillerie de ſa réſerve.

17.

CETTE diſtribution ſera faite à raiſon de cinquante-ſix hommes manœuvrans pour chaque compagnie ſervant du canon de 12, & de trente-deux hommes pour chaque compagnie ſervant du canon de 8.

18.

LES Capitaines les répartiront à chacune de leurs pièces; mais ces Soldats, quoiqu'affectés auxdites bouches à feu, ne les ſuivront que quand il leur ſera ordonné, & ils ſeront ordinairement deſtinés à faire les avant-gardes & arrière-gardes des réſerves, & à leur préparer les chemins.

19.

LE grand parc compoſé des munitions, effets & attirails qu'on ne jugera pas à propos de mener à la ſuite des bouches à feu, ſera placé avec les pontons, autant que faire ſe pourra, derrière le centre des deux lignes.

20.

LES compagnies de Mineurs & d'Ouvriers camperont au grand parc, ainſi que les Bombardiers qui n'auront pas de bouches à feu à ſervir, & les troupes d'Infanterie affectées à la garde & au ſervice dudit grand parc.

21. LES

3. Octobre 1774 198.

21.

Les Ouvriers, ſoit qu'ils ſoient en compagnie ou en détachement, ne recevront aucun ſupplément de ſolde pour les réparations qu'ils feront aux voitures dans les marches, non plus que pour l'entretien des ponts lorſqu'ils feront établis, à moins qu'ils ne ſoient obligés de paſſer des nuits à ces travaux; auquel cas ils recevront, pour chaque nuit, un ſupplément de ſolde double de celui qui eſt accordé aux Ouvriers dans les arſenaux de conſtruction, par le règlement fait pour leur ſervice.

Quant aux travaux qui ſe feront au grand & aux petits parcs, on ſuivra la même règle que dans les arſenaux; c'eſt-à-dire que les Ouvriers qui exécuteront leſdits travaux, recevront le ſupplément de ſolde réglé par le ſuſdit article, quand on fera travailler plus du tiers de la compagnie ou détachement; mais ils n'auront que leur ſolde quand on n'emploiera que le tiers.

S'il arrive cependant que l'on détache de l'armée, autrement que pour une marche, un ou deux Ouvriers ſeulement, ils recevront le ſupplément de ſolde, ſoit qu'ils travaillent ou non, pour les dédommager de la dépenſe que pourra leur occaſionner le défaut d'ordinaire.

22.

On détachera du grand parc le nombre d'Officiers, d'Ouvriers & de forges néceſſaires pour former un petit parc, qui ſera affecté à chacune des réſerves d'Artillerie; & on obſervera d'y envoyer aſſez d'Ouvriers pour pouvoir attacher un Ouvrier en fer & un en bois à la ſuite de chacune des compagnies qui ſerviront du gros canon, toutes les fois que leſdites compagnies marcheront ou ſeront détachées.

23.

Il ſera affecté, pour toute la campagne, deux pièces de canon ou obuſiers à chaque eſcouade des compagnies du Corps-royal, commandée par un Officier ou Fourrier & un Sergent: le Caporal en ſervira une avec ſept hommes;

l'autre ſera ſervie par l'Appointé avec pareil nombre d'hommes.

24.

Fonctions des bas Officiers en campagne.

LES Caporaux & Appointés chefs de pièces, auront les clefs des caiſſons & coffrets dépendans deſdites pièces, & ſeront chargés de veiller à la conſervation & à l'entretien des armes & munitions, qu'ils viſiteront tous les jours avec beaucoup de ſoin. Ils avertiront le Sergent des réparations ou remplacemens qu'il pourroit y avoir à faire: ce dernier en rendra compte au Commandant de l'eſcouade, qui s'adreſſera à ſon Capitaine pour qu'il y ſoit pourvu promptement du petit parc le plus voiſin.

Devoir des Commandans des eſcouades.

Les fonctions du Caporal & de l'Appointé, comme chefs de pièces, exigeant de leur part une attention continuelle ſur les objets dont ils ſont chargés, auxquels ils ne pourront veiller exactement qu'en ſortant de leur camp le moins qu'il ſera poſſible, Sa Majeſté les diſpenſe des gardes & des corvées, & Elle veut qu'ils ne ſoient commandés que pour les ordonnances.

25.

Défenſe de rien admettre dans les caiſſons avec les munitions.

SA MAJESTÉ défend très-expreſſément à ces chefs de pièces, d'admettre, ſous tel prétexte que ce ſoit, dans les caiſſons & dans les coffrets de leurs pièces, quand même ils ſeroient vides, d'autres effets que ceux qui ſont néceſſaires auxdites pièces: ils en répondront perſonnellement au Sergent, qui aura ſoin d'en faire lui-même la viſite, ſurtout au moment de marcher; le Sergent en répondra au Commandant de l'eſcouade; & le Capitaine, en cas de contravention, fera mettre ſur le champ le Sergent à la garde du camp, & le Caporal ou l'Appointé au piquet, pour être enſuite caſſé & mis à la queue de la compagnie.

26.

Les Officiers en répondent.

LES trois Lieutenans & le Fourrier d'une compagnie, répondront à leur Capitaine, chacun pour ſon eſcouade, de l'exécution des deux articles précédens; & le Capitaine,

3. Octobre 1774.

qui en fera fouvent l'infpection, en répondra perfonnellement au Chef de brigade.

27.

Devoir du Sergent en bataille.

LE Sergent fera chargé, dans les batailles & autres actions de guerre, de contenir & faire manœuvrer les attelages de l'efcouade, & veiller au bon ordre dans les diftributions des munitions.

28.

Devoir des Officiers fubalternes.

CHAQUE Commandant d'efcouade fera manœuvrer les pièces de fon efcouade; il en examinra les effets, pour donner à fes Canonniers les points de hauteur convenables.

Les Capitaines dont les compagnies ferviront des pièces affectées à l'Infanterie, auront attention que le canon de leurs efcouades fuive fcrupuleufement les mouvemens des bataillons auxquels elles feront attachées, & que les Sergens contiennent les attelages à portée, & n'embarraffent pas la manœuvre des Troupes. Ceux des Capitaines dont les compagnies ferviront du canon de réferve, s'appliqueront à éviter la confufion dans les manœuvres, & à faire exécuter avec célérité celles qui leur feront ordonnées par les Chefs.

Si l'armée eft fur la défenfive, ils donneront une attention particulière à ne pas manquer le moment où l'ennemi approchera des points de repaire qu'ils fe feront donnés, pour décider de l'inftant où ils devront fe fervir de la cartouche.

Les Chefs de brigade veilleront à ce que tout ce qui eft ordonné par les articles précédens, s'exécute fans confufion dans leurs brigades.

29.

LES Officiers fubalternes, les Capitaines & les Chefs de brigade fe conformeront exactement aux inftructions qui leur feront données, pour faire exécuter le fervice chacun dans fa partie.

30.

Service en bataille des Colonels & Lieutenans-colonels.

Les Colonels & Lieutenans-colonels qui feront diftribués avec leurs régimens dans les réferves d'Artillerie, feront exécuter ce qui leur fera prefcrit par les Commandans defdites réferves, & obferveront les manœuvres de l'ennemi, pour être en état de profiter des circonftances qui fe préfenteront.

31.

Service des Commandans de réferve.

Chaque Commandant de réferve veillera lui-même, dans l'action, à l'exécution des ordres dont il aura été chargé; & lorfqu'il n'y jugera plus fa préfence néceffaire, il fe tiendra à portée des Commandans de l'aile de l'armée devant laquelle il fera pofté, pour être informé d'avance des mouvemens qui feront ordonnés dans la ligne, & avoir le temps de choifir fes pofitions, & de fe préparer pour fon déplacement; obfervant fur toutes chofes, de ne point changer les premières difpofitions ordonnées, fans de nouveaux ordres du Commandant en chef de l'Artillerie, ou fans une néceffité abfolue. Il aura principalement attention de faire approcher à temps les augmentations de munitions qui pourroient être néceffaires à fon Artillerie, ou à l'Infanterie de fon aile.

32.

Attention du Commandant en chef de l'Artillerie dans l'action.

Le Commandant en chef de l'Artillerie, après avoir fait la difpofition générale de l'Artillerie, & donné les inftructions néceffaires d'après les ordres qu'il aura reçus du Général de l'armée, verra par lui-même fi tout s'exécute bien. Il fe tiendra à portée du Général, pour recevoir fes nouveaux ordres, & en donner en conféquence, jufqu'à ce que les circonftances & les befoins du fervice l'appellent ailleurs.

33.

Service & prérogatives du Major

Le Major de l'équipage prendra le mot & l'ordre du Maréchal-de-camp de jour chez le Général de l'armée, & le portera au Commandant en chef de l'Artillerie, dont il il recevra les ordres, pour les distribuer comme il sera expliqué ci-après.

de l'équipage de l'armée.

Il lui sera fourni tous les jours un Sergent & un Caporal d'ordonnance de chacune des réserves & du grand parc, & il lui sera remis à l'entrée de la campagne, un état des bouches à feu, ainsi que des principales munitions & attirails qui composeront l'équipage de l'Artillerie.

Il se tiendra les jours de bataille, ainsi que le premier Aide-major de l'équipage, près du Commandant de l'Artillerie, pour distribuer ses ordres; & ils seront toujours logés l'un & l'autre à portée de ce Commandant.

34.

Les Majors des régimens du Corps-royal, employés à l'armée, seront Majors de brigade, & jouiront des traitemens & prérogatives accordés à ceux de l'Infanterie: le plus ancien d'entr'eux fera les fonctions de premier Aide-major de l'équipage, & les autres Majors, s'il y en a, feront celle d'Aides-major dudit équipage, chacun à l'une des réserves. Il sera nommé d'autres Officiers pour faire les mêmes fonctions aux autres réserves & au grand parc.

Si le plus ancien Major des régimens avoit été nommé Major de l'équipage, le second feroit les fonctions du premier Aide-major.

Le premier Aide-major de l'équipage ira tous les jours chez le Major général de l'Infanterie, pour y prendre les détails qu'il apportera au Major de l'équipage, chez lequel se trouveront tous les Aides-major dudit équipage, tant des réserves que du grand parc.

Ledit Aide-major, d'après les ordres qu'il aura pris du Commandant en chef de l'Artillerie, distribuera à ces Aides-major l'ordre qui concernera la réserve à laquelle chacun d'eux sera attaché.

35.

Service des Aides-major.

Le premier Aide-major de l'équipage sera chargé de

faire diſtribuer par les autres Aides-major dudit équipage, toutes les ſubſiſtances & fournitures, autres que les appointemens, aux Commandans & Officiers tirés des directions, ainſi qu'à tous les Employés à la ſuite de l'équipage, qui ſeront compris ſur les états de revues du Commiſſaire des guerres & du Corps-royal.

Il tiendra des regiſtres des différentes diſtributions, pour pouvoir en former un état général à la fin de la campagne, & arrêter les décomptes avec les Munitionnaires & Fourniſſeurs.

36.

LES Aides-major de l'équipage attachés aux réſerves ou au grand parc, y camperont toujours, quand même les Commandans des réſerves ſeroient logés: chacun de ces Aides-major portera tous les jours l'ordre & le mot au Commandant de la réſerve à laquelle il ſera attaché, lorſque ledit Commandant ſera au camp; & il recevra ſes ordres ſur ce qu'il aura à y ajouter, après quoi il le donnera au plus ancien Officier-major de la Troupe, qui ira le diſtribuer au cercle.

Chaque Aide-major de l'équipage ſera chargé de faire délivrer, ſur ces reçus, aux Officiers & Employés attachés à ſa réſerve, les ſubſiſtances dont il eſt fait mention dans l'article précédent; il en conſervera une note, pour en rendre compte au premier Aide-major.

Lorſqu'il y aura des diſtributions à faire, il enverra ſon reçu par un Conducteur du charroi à la ſuite de l'Officier-major de la Troupe; & ce Conducteur en fera la répartition.

Les Aides-major de l'équipage iront au campement, pour recevoir du Major le terrein deſtiné à leurs réſerves; &, lors d'une action, ils ſe tiendront chacun avec le Commandant de la réſerve à laquelle ils ſeront attachés.

37.

L'AIDE-MAJOR de chaque régiment du Corps-royal

17. Octobre 1774

campera à la réserve à laquelle sera attaché le Colonel du régiment. L'un des Sous-aides-major campera à celle où sera attaché le Lieutenant-colonel, & le second Sous-aide-major, à la réserve où sera le premier Chef de brigade: ils se tiendront en bataille avec lesdits Officiers; mais dans le cas où ces Officiers supérieurs seroient détachés de l'armée, les Officiers-majors ne les suivront, qu'autant que le Colonel du régiment le jugera nécessaire.

Service de l'Aide-major & des Sous-aides-major des régimens.

38.

Il sera fourni au Général de l'armée un Officier d'ordonnance, pour porter les ordres qu'il aura à donner au Corps-royal: cet Officier sera relevé toutes les vingt-quatre heures, & sera commandé parmi les Lieutenans des compagnies employés au grand parc & aux réserves; les Lieutenans tirés des Fourriers & Sergens ne feront point ce service.

Officiers d'Artillerie pour porter les ordres du Général de l'armée.

39.

Le Directeur du parc sera chargé, sous l'autorité des Officiers supérieurs nommés pour commander l'équipage d'Artillerie, d'assembler ledit équipage, & de le pourvoir de tout ce qui sera nécessaire.

Service du Directeur du parc.

Ce Directeur commandera sous la même autorité au grand parc, & ne rendra cependant compte qu'au Commandant en chef. Il y fera placer les Gardes & Sentinelles qu'il jugera nécessaires, & y campera.

40.

Il fera faire au grand parc les grosses réparations de l'équipage, & il détachera à chacune des réserves un Officier de détail avec un Officier d'Ouvriers, ainsi que les Ouvriers & les forges nécessaires pour y faire les menues réparations, tant du canon de réserve que de celui de l'Infanterie. Il se fera rendre compte, par les Officiers de détail, des consommations faites pour les remplacer à mesure.

Il détachera des Officiers de détails aux réserves.

41.

Il aura la police dans le parc.

Il aura toute autorité ſur tous les Employés à la ſuite de l'équipage d'Artillerie, & il veillera à ce que les Conducteurs, & ſur-tout à ce que les Gardes & Sous-gardes d'Artillerie rempliſſent avec exactitude les fonctions de leurs emplois. Il rendra compte au Commandant de tout ce qui pourra mériter ſon attention, & prendra ſes ordres ſur tous les remplacemens qu'il ſeroit néceſſaire de tirer des places voiſines ou des dépôts.

42.

Le Directeur du parc donnera au Garde de l'Artillerie les ordres néceſſaires pour l'autoriſer à faire les menues emplettes ou dépenſes ſur les fonds qui ſeront remis audit Garde.

43.

Son ſervice lors d'une bataille.

Dans le cas d'une bataille, ce Directeur fera atteler toutes les voitures de ſon parc, les formera en diviſions, y placera des Gardes pour contenir tout le monde à ſon poſte; & ſans jamais perdre ſon parc de vue, il s'avancera vers l'armée, pour diſtinguer les endroits où le feu ſera le plus vif; il fera mettre en file vers ces endroits quelques parties de munitions pour le canon & pour l'Infanterie, afin de prévenir, autant qu'il ſera en lui, les demandes qui lui ſeront faites pour le remplacement des munitions conſommées. D'un autre côté, il enverra voir ſi les débouchés qu'il aura reconnus à l'avance, en cas de retraite, ne ſeroient point engagés par les équipages des Troupes; & ſi les mouvemens qu'il verra faire à l'armée lui faiſoient craindre que ſon parc ne causât des embarras, il le déplacera, & aura grande attention de ne point embarraſſer les débouchés des Troupes.

44.

Service du Sous-directeur du parc.

Le Sous-directeur du parc aidera au Directeur dans toutes ſes fonctions & le ſuppléera au beſoin.

45. Le

3. Octobre 1774.

45.

Fonctions du Garde du parc.

LE Garde d'Artillerie du parc se chargera, au commencement de la campagne, de toutes les bouches à feu, effets, munitions & attirails d'Artillerie composant l'équipage, par un inventaire fait en présence du Directeur du parc, & du Commissaire des guerres & du Corps-royal.

Les pièces & principales munitions dudit équipage, seront portées sur un registre destiné à cet usage, & tout le reste de l'inventaire sera porté sur un second registre qui sera, ainsi que le premier, coté & paraphé par le Commissaire des guerres & du Corps-royal. Le Garde enregistrera journellement les remises & consommations qui se feront, sur celui des deux registres où seront inscrits les effets & munitions qu'il aura à remettre ou à consommer.

Il fera tous les mois un état de situation des pièces & munitions portées sur le premier registre; lequel état sera certifié par le Directeur du parc, vérifié par le Commissaire des guerres & du Corps-royal, & visé par le Commandant, pour être ensuite envoyé au Secrétaire d'État ayant le département de la guerre. Quant aux munitions comprises sur le second registre, ce ne sera qu'à la fin de la campagne qu'on en fera un état général de remises & consommations, qui sera pareillement envoyé au Secrétaire d'État ayant le département de la guerre, & revêtu des mêmes formalités.

46.

CE Garde ne fera aucune livraison sans un ordre par écrit du Directeur du parc, & sans en tirer un reçu. Pour ne point cependant exposer le service dans les cas pressans, il ne pourra refuser des munitions, sous le prétexte de défaut d'ordre & de formalités; mais dans ces cas il se procurera sitôt après, de la part du Directeur ou autre Officier, l'ordre dont il aura besoin pour opérer sa décharge des effets délivrés.

47.

Ce Garde aura un livre de compte, coté & paraphé par le Commiſſaire des guerres, ſur lequel il enregiſtrera les ſommes que le Tréſorier lui donnera ſur un ordre par écrit du Commandant en chef. Il portera pareillement ſur le même livre, toutes les dépenſes qu'il fera ſur ces fonds en menues emplettes, du payement deſquelles il prendra des reçus, autant que faire ſe pourra. Il ne fera point ces emplettes ni aucunes dépenſes quelconques, ſans un ordre par écrit du Directeur du parc.

48.

Fonctions du Commis du Tréſorier général.

Le Commis du Tréſorier général de l'Artillerie à la ſuite de l'équipage, payera tous les mois aux Tréſoriers des régimens, ſur les revues du Commiſſaire des guerres & du Corps-royal, les appointemens & ſolde deſdits régimens; & pour ce qui regardera les compagnies détachées, ainſi que celles de Mineurs & d'Ouvriers, il remettra les appointemens & ſolde deſdites compagnies aux Officiers chargés de leurs détails. A l'égard des Commandans, des Officiers détachés & des Employés à la ſuite de l'équipage, ledit Commis du Tréſorier général leur payera à chacun d'eux en particulier leurs appointemens, & il finira les décomptes avec eux.

49.

Ce Tréſorier ſera auſſi chargé du payement de toutes les dépenſes de l'équipage d'Artillerie, ainſi que de celles qui pourront concerner les ponts; mais tous ces payemens ne ſeront valables qu'autant qu'ils ſeront accompagnés des formalités ſuivantes.

50.

Les dépenſes faites en conſéquence d'un marché, ne pourront être payées par le Tréſorier, qu'après que le Garde d'Artillerie aura donné ſon reçu au Fourniſſeur, au bas de l'état détaillé des effets qui auront été livrés; cet état ſera certifié par le Directeur du parc, vérifié par

9. Octobre 1774.

le Commiſſaire des guerres, & viſé par le Commandant en chef: cette pièce, munie de ces formalités, & au bas de laquelle le Fourniſſeur aura mis ſa quittance, ſervira de décharge au Tréſorier.

51.

A l'égard des dépenſes faites pour journées d'Ouvriers, il en ſera fourni tous les huit jours, audit Tréſorier, un état ſigné du Chef des Ouvriers, certifié par le Directeur du parc, & vérifié par le Commiſſaire des guerres, au bas duquel le Chef des Ouvriers mettra ſon reçu.

52.

Pour ſubvenir aux petites emplettes & aux menues dépenſes journalières, le Tréſorier remettra au Garde d'Artillerie, ſur ſon reçu & ſur un ordre par écrit du Commandant en chef, la ſomme qui ſera fixée par ce Commandant. Le Garde fournira enſuite un état détaillé des dépenſes faites ſur ce fonds; lequel état ſera certifié par le Directeur du parc, vérifié par le Commiſſaire des guerres, & approuvé par le Commandant; ledit Garde, après avoir mis ſon reçu au bas de cet état, le remettra au Tréſorier pour ſa décharge, & retirera celui qu'il lui aura précédemment donné.

53.

Ce Tréſorier, à la fin de chaque campagne, raſſemblera tous ces différens états, & en formera un général, qui ſera certifié par le Directeur du parc, vérifié ſur les pièces juſtificatives par le Commiſſaire des guerres, viſé par le Commandant en chef de l'Artillerie, & ordonnancé par l'Intendant de l'armée; les pièces juſtificatives reſteront au Tréſorier à l'appui de ſon compte.

54.

Fonctions du Commiſſaire des guerres & du Corps-royal.

Le Commiſſaire des guerres & du Corps-royal ſera informé de tout ce qui devra compoſer l'équipage d'Artillerie, & il rendra à l'Intendant de l'armée tous les comptes que celui-ci exigera concernant le ſervice de l'Artillerie.

55.

Il paſſera en revue les régimens & compagnies détachées du Corps-royal, ainſi que les Officiers, Employés, Ouvriers, chevaux & mulets qui ſeront à la ſuite de l'équipage, leſquels ne pourront être payés de leurs appointemens, traitement & ſolde, que ſur les extraits de revues, viſés par le Commandant en chef de l'Artillerie. Le Commiſſaire remettra ces extraits au Commis du Tréſorier général, aux Munitionnaires & aux Fourniſſeurs de l'armée, de même qu'aux Entrepreneurs des chevaux & mulets, pour ſervir à leur payement. Il en enverra un au Secrétaire d'État ayant le département de la guerre, & un à l'Intendant de l'armée.

56.

Il ſera remis audit Commiſſaire une copie de l'inventaire des effets & munitions compoſant l'équipage d'Artillerie, dont le Garde du parc ſe chargera en ſa préſence.

57.

Ce Commiſſaire dreſſera les procès-verbaux de la réception & de la marque des chevaux, qui ſe feront par les ordres du Commandant en chef, en préſence des Commandans en ſecond qui s'y trouveront, du Major & du Directeur du parc; & lorſque, dans le courant de la campagne, le Commiſſaire s'apercevra que la marque commencera à s'effacer, il aura attention de prendre les ordres du Commandant en chef pour la faire renouveler, afin que les chevaux d'artillerie puiſſent dans tous les temps, être reconnus facilement. Il dreſſera, ſur les certificats des Officiers, les procès-verbaux des chevaux tués à la guerre, ainſi que de ceux qui auront été pris par l'ennemi, étant en convois & attelés par ordre pour le ſervice, ou au fourrage, lorſqu'ils auront été pris dans l'enceinte deſdits fourrages.

58.

Le Commiſſaire des guerres & du Corps-royal aura la

3. Octobre 1776.

la police ſur tous les Employés, Ouvriers, Charretiers & autres à la ſuite de l'équipage.

59.

CE Commiſſaire cotera & paraphera les regiſtres du Garde d'Artillerie. Il veillera à ce qu'il enregiſtre exactement les remiſes & conſommations qui ſe feront journellement au parc de l'armée, des effets, munitions & attirails d'Artillerie, & à ce qu'il tienne ſes regiſtres dans le meilleur ordre poſſible. Il enverra tous les mois au Secrétaire d'État ayant le département de la guerre, un état qui lui ſera remis par le Garde, des principales munitions, effets & attirails qui auront été remis ou conſommés à l'armée.

60.

IL vérifiera toutes les dépenſes faites pour l'Artillerie par le Garde ou par tout autre; Sa Majeſté voulant qu'aucune de ces dépenſes ne puiſſe être allouée dans les comptes du Tréſorier, à moins qu'elles ne ſoient certifiées par le Directeur du parc, vérifiées par le Commiſſaire des guerres & du Corps-royal, approuvées par le Commandant de l'Artillerie, & ordonnancées par l'Intendant de l'armée.

61.

CE Commiſſaire ſera chargé de paſſer, en préſence du Directeur du parc, les marchés des différentes fournitures néceſſaires pour le ſervice de l'Artillerie; & lors des livraiſons, le Directeur du parc vérifiera la qualité deſdites fournitures, & le Commiſſaire en vérifiera les quantités.

62.

POUR que le Commiſſaire des guerres & du Corps-royal ſoit à portée de remplir les fonctions qui lui ſont preſcrites par les articles précédens, il ſera tenu de camper toujours au parc, ſans pouvoir s'en diſpenſer, ſous quelque prétexte que ce ſoit.

63.

Fonctions du Conducteur général du charroi.

IL ſera attaché à chaque équipage, un Conducteur général du charroi, qui ſera affecté au grand parc, avec

& des autres Conducteurs. le nombre de Conducteurs proportionné à la force dudit parc & des équipages de ponts: ce Conducteur général rendra compte au Commissaire des guerres & du Corps-royal, des chevaux qui seront détachés de l'armée.

Il sera aussi attaché un Conducteur à chacune des compagnies qui serviront du canon de réserve, & un autre au petit parc de chaque réserve, tant pour servir audit parc, qu'à la suite de l'Aide-major de l'équipage.

64.

CHACUN des Conducteurs sera tenu de se pourvoir d'un cheval. Ils seront particulièrement chargés de veiller sur la tenue & la subsistance des attelages, de reconnoître & faire réparer les chemins, & enfin d'exécuter ce qui leur sera ordonné pour le service par les Officiers du Corps-royal avec lesquels ils seront détachés.

65.

POUR que chaque troupe ne quitte jamais ses Officiers & bas Officiers, & que chaque escouade & même chaque demi-escouade puisse toujours soigner & ne jamais perdre de vue la pièce & les munitions qui lui seront confiées, chaque pièce marchera toujours suivie de ses munitions, & même de celles destinées à l'Infanterie, lorsqu'il y en aura d'attachée; le tout escorté par sa demi-escouade.

Chaque Commandant de réserve fera marcher toute sa réserve dans l'ordre prescrit ci-dessus; & il aura attention que les Chefs de brigade & autres Officiers marchent chacun à son poste, & répondent chacun de sa troupe.

66.

Travailleurs pour les débouchés & les chemins.

LE Commandant de chaque réserve fera commander des Travailleurs pris dans les troupes attachées au service de l'Artillerie, avec le nombre qu'il jugera à propos de Soldats du Corps, pour les diriger & les aider à ouvrir les chemins quand il le croira nécessaire.

67.

Il ne sera souffert sur les pièces & voitures des munitions à leur suite, aucune tente & bagages, autres que les sacs des Charretiers, Canonniers, Sergens & Soldats attachés au service desdites pièces, lesquels sacs ne pourront cependant peser plus de dix livres chacun: chaque Chef répondra à son Officier de l'exacte observation de cet article; les Officiers subalternes en répondront aux Capitaines, & ceux-ci en seront responsables aux Officiers supérieurs. Il sera cependant permis à chaque Conducteur attaché aux divisions, de placer sur les chariots d'outils, ou sur l'affût de rechange, leur tente & un porte-manteau qui ne pourra peser plus de trente livres.

On ne souffrira sur les voitures, que les sacs des Soldats & Charretiers.

68.

Le Commandant de chaque réserve décidera de l'ordre dans lequel devront marcher les divisions qui seront à ses ordres.

Ordre de marche des divisions.

69.

Le Directeur du parc disposera l'ordre dans lequel marchera son parc, ainsi que les ponts quand ils y seront joints, & il distribuera les avant-gardes, arrière-gardes & pelotons qui seront nécessaires pour l'escorte. Il aura une attention particulière à ce que les sacs des Soldats ne soient que du poids fixé ci-dessus, que les Conducteurs n'aient pas des équipages trop forts, & que le tout soit réparti sur les voitures de façon à n'en surcharger aucune.

Ordre de marche du grand parc.

70.

Lorsque les Mineurs ne seront point détachés avec les ponts, ils marcheront toujours en avant du grand parc avec un chariot d'outils pour réparer les chemins.

Les Mineurs marcheront à la tête du grand parc.

71.

Dans les convois d'Artillerie escortés par des troupes qui ne seront pas du Corps, le commandement de l'escorte appartiendra à l'Officier le plus élevé en grade, soit qu'il

Commandement des escortes des convois.

ſoit de l'Artillerie ou de toute autre troupe. Si c'eſt un Officier d'Infanterie qui commande les troupes de l'eſcorte, & qu'il ſoit d'un grade égal à celui du Corps-royal, le commandement appartiendra à celui des deux qui ſera du plus ancien régiment; mais ſi ce n'eſt pas l'Officier du Corps-royal qui commande, ce ſera toujours lui qui décidera de l'heure du départ & des haltes qu'il ſera néceſſaire de faire, qui diſpoſera le parc & fera mettre les Sentinelles qu'il croira convenables pour la garde. Il lui ſera fourni une ordonnance de la troupe de l'eſcorte, quelque grade qu'il ait; & s'il eſt Colonel, on lui fournira de plus une Sentinelle, s'il n'a point de troupe de ſon Corps.

72.

LES troupes du Corps-royal, & celles qui ſeront affectées au ſervice de l'Artillerie, camperont le plus près qu'il ſera poſſible du parc, des réſerves ou des diviſions auxquelles elles ſeront attachées.

73.

L'Artillerie; par qui gardée.

LES diviſions & réſerves ſeront toujours gardées par les troupes du Corps-royal, & par celles de l'Infanterie qui leur ſeront attachées pour le ſervice de l'Artillerie; le premier des Canonniers, Artificiers, Bombardiers ou Sapeurs de chaque eſcouade, fera les fonctions de Caporal, & le ſecond fera celles d'Appointé; & ils rouleront pour ce ſervice avec ceux des troupes d'Infanterie avec leſquels ils ſe trouveront.

74.

Un homme d'ordonnance au canon d'Infanterie.

LES Canonniers attachés au ſervice du canon d'Infanterie de chaque bataillon, fourniront toujours dans le camp un homme ſans armes, qui reſtera auprès des pièces, indépendamment de la Sentinelle que le bataillon auquel appartiendront leſdites pièces, y fera mettre: les Caporaux & Appointés du Corps-royal, attachés à ces pièces, ſeront exempts de ce ſervice.

75. LE

75.

Garde du grand parc.

LE grand parc sera toujours gardé par les troupes d'Infanterie qui lui seront attachées; les compagnies de Bombardiers qui s'y trouveront, fourniront seulement une garde, qui sera fixée par le Directeur, pour faire des patrouilles autour du parc, d'heure en heure pendant la nuit, & de deux en deux heures pendant le jour, pour la sûreté dudit parc, & pour reconnoître si les Sentinelles sont attentives à exécuter leur consigne.

76.

LA garde du Commandant en chef de l'Artillerie, sera fournie par les compagnies de Mineurs & par celles de Canonniers qui pourront se trouver au grand parc sans destination particulière: ces compagnies rouleront ensemble pour ce service, dans lequel, en cas d'insuffisance, elles seront suppléées par les troupes attachées à l'Artillerie.

Celle des Commandans des réserves, s'il leur en est dû par leur grade, leur sera fournie par les troupes d'Infanterie, dont on augmentera le nombre à cet effet dans leurs réserves. Il en sera de même des Sentinelles dûes aux Officiers supérieurs & aux différentes Caisses.

77.

Capitaines exempts de garde.

L'INTENTION de Sa Majesté étant que les Capitaines du Corps-royal, chargés des divisions, donnent toute leur attention à la tenue des pièces, munitions & attirails, ainsi que des chevaux de leurs divisions, & que les autres soient uniquement occupés des différentes fonctions dont ils seront chargés, Elle veut bien les exempter de monter la garde; mais ils seront assujettis aux autres services, comme escortes & corvées. Sa Majesté exempte aussi de monter la garde, les Lieutenans des compagnies de Bombardiers qui seront attachés au parc, lesquels aideront aux détails, sous les ordres du Directeur du parc, qui ne

Lieutenans de Bombardiers attachés au grand parc.

pourra cependant les détacher de leur troupe, que dans les cas de néceſſité.

Les autres Lieutenans du Corps monteront la garde, quand il en ſera beſoin, avec ceux des Troupes attachées au ſervice de l'Artillerie.

Officiers d'Ouvriers ne feront d'autre ſervice qu'aux travaux du parc.

Les Officiers des compagnies d'Ouvriers ne feront aucun autre ſervice que celui des parcs & des ponts.

78.

Les Mineurs aideront aux travaux des ponts & aux retranchemens.

QUAND les compagnies de Mineurs ne ſeront point occupées de leur ſervice particulier, elles ſeront deſtinées, de préférence, à aider les Ouvriers dans les conſtructions des ponts; & dans le cas où l'armée auroit de grands retranchemens à faire, ſi les moyens ordinaires des Ingénieurs ne ſuffiſoient pas, leſdites compagnies ſeront employées à la conduite deſdits retranchemens, ſous les ordres du Commandant du Corps des Ingénieurs.

79.

Ils ne fourniront que leur garde de police & celle du Commandant en chef de l'Artillerie.

CES compagnies camperont au parc, près des compagnies d'Ouvriers; & elles ne fourniront que leur garde de police & celle du Commandant en chef de l'Artillerie, quand elles en ſeront à portée.

80.

Officiers généraux du Corps ne prendront jour à l'armée qu'une fois par campagne.

SA MAJESTÉ jugeant qu'il eſt du bien de ſon ſervice que les Officiers généraux & autres Officiers ſupérieurs du Corps-royal ſe livrent entièrement au ſervice de l'Artillerie, Elle ordonne que leſdits Officiers généraux, ainſi que les Brigadiers dudit Corps qui ſeront pourvus de lettres de ſervice, ne faſſent qu'une fois, pendant la campagne, ainſi que les Colonels & les Lieutenans-colonels, le ſervice de l'armée, ſuivant leurs grades & le rang du Corps-royal.

81.

Procédure contre les vols.

SA MAJESTÉ, en confirmant ſon Ordonnance du 18 ſeptembre 1723, concernant la manière dont il doit être

7. Octobre 1774.

procédé contre les Soldats, Cavaliers & Dragons, & tout autre particulier convaincu d'avoir volé des pièces & munitions d'Artillerie, veut que les Conſeils de guerre qui ſe tiendront dans les armées pour le jugement des crimes de cette eſpèce, ſoient aſſemblés chez le Commandant de la diviſion où le délit aura été commis, & composés des Capitaines & autres Officiers du Corps-royal; & que le Major de l'équipage, ou, à ſon défaut, un de ſes Aides, ſoit chargé de l'inſtruction du procès.

82.

Dépôt de troupes & de munitions pour remplacer les conſommations de l'armée.

DÈS que les armées entreront en campagne, il ſera formé ſur chaque frontière un dépôt d'Artillerie, pour être à portée de remplacer les munitions & attirails qui ſeront conſommés auxdites armées. Sa Majeſté déſignera le nombre de troupes du Corps-royal qu'Elle jugera convenable pour faire les manœuvres de ces dépôts, ainſi que pour fournir les détachemens qu'il ſera néceſſaire de faire marcher avec les différens convois qui ſeront envoyés, & ſur-tout pour exercer les Recrues deſtinées aux régimens du Corps-royal qui ſeront en campagne; Sa Majeſté voulant qu'il ne ſoit envoyé aucun Soldat auxdits régimens, qu'il n'ait été préalablement aſſez exercé pour pouvoir être employé utilement au ſervice de l'Artillerie.

83.

L'OFFICIER du Corps-royal qui commandera dans le lieu du dépôt, fera les diſpoſitions néceſſaires pour exercer les Recrues qui lui ſeront envoyées; il rendra compte au Commandant de l'Artillerie à l'armée, de leur état & des progrès de leur inſtruction, pour que ce dernier puiſſe prendre les ordres du Général de l'armée, & tirer ſucceſſivement ce qui lui ſera néceſſaire pour les remplacemens à faire dans les régimens du Corps-royal employés à ladite armée.

TITRE IX.

Du Service du Corps-royal dans les siéges.

ARTICLE PREMIER.

Troupes du Corps-royal destinées à l'équipage de siége.

LORSQU'IL sera question de faire un siége, Sa Majesté donnera des ordres pour y employer la partie qu'Elle jugera nécessaire des troupes affectées au dépôt de l'Artillerie de l'armée.

2.

LES troupes du Corps-royal attachées au canon des bataillons d'Infanterie qui seront destinés à faire le siége, s'y rendront aussi, de même que celles attachées au canon de réserve que le Général de l'armée jugera à propos de retrancher des réserves; & si ces troupes ne suffisent pas, Sa Majesté y pourvoira d'ailleurs.

S'il ne se trouvoit pas assez de Sapeurs parmi les compagnies attachées au service du canon des bataillons qui seront envoyés au siége, on tireroit de l'armée les autres compagnies de Sapeurs, en les faisant remplacer par des compagnies de Canonniers.

3.

Officiers & Employés nommés pour l'équipage de siége.

LORSQUE Sa Majesté donnera des ordres pour assembler un équipage de siége, Elle nommera le nombre d'Officiers du Corps-royal qu'Elle jugera nécessaire pour ledit équipage, tels qu'un ou plusieurs Commandans, un Major & des Aides-major, un Directeur & un Sous-directeur du parc, avec plusieurs Officiers de détails; Elle nommera pareillement un Garde d'Artillerie, des Conducteurs de charroi, & autres Employés dont le nombre sera déterminé suivant la force de l'équipage.

Il sera aussi envoyé au siége un des Commis du Trésorier général de l'Artillerie.

4. LORSQUE

3. Octobre 1774.

4.

LORSQUE le Roi aura nommé au commandement de l'artillerie du siége, ce commandement sera séparé de celui de l'artillerie de l'armée; & quand même l'armée employée à couvrir le siége viendroit à se réunir avec celle qui seroit chargée de le faire, les deux commandemens resteroient toujours séparés.

Le commandement de l'artillerie de siége, séparé de celui de l'artillerie de l'armée.

5.

LE Commandant de l'artillerie du siége fera rassembler les bouches à feu, munitions, attirails & approvisionnemens qui auront été ordonnés pour le siége. Il reconnoîtra la Place, conjointement avec le Commandant des Ingénieurs, & ils en rendront compte au Général commandant le siége, de qui ils prendront les ordres.

Formation de l'équipage de siége.

6.

DÈS que le front d'attaque aura été déterminé par les ordres du Général, le Commandant de l'Artillerie lui fera agréer la position du parc, ainsi que celle des dépôts généraux & particuliers qu'il aura reconnus.

Établissement du parc.

7.

AUSSITÔT que les travaux du siége seront commencés, le Commandant en chef de l'Artillerie ira tous les jours chez le Général, pour l'informer de leurs progrès, lui proposer la construction des batteries dont il aura reconnu les positions, & recevoir ses ordres.

8.

CE Commandant rendra compte journellement au Secrétaire d'État ayant le département de la guerre, des progrès des travaux de l'Artillerie, & lui fera connoître, par des plans, la position des batteries & la direction de leurs feux.

9.

LES troupes du Corps-royal & celles de l'Infanterie qui seront destinées au service de l'Artillerie, camperont au parc, & y fourniront les gardes nécessaires aux ordres

Fonctions des Commandans en second.

du Directeur; obſervant que les Mineurs doivent être chargés de la garde des poudres, juſqu'au moment où ils devront s'occuper de leur ſervice particulier.

10.

LES Officiers généraux, ou autres Officiers ſupérieurs qui ſeront nommés pour commander en ſecond l'artillerie de ſiége, aideront le Commandant en chef dans ſes fonctions, & le ſuppléeront au beſoin.

11.

LES Colonels, Lieutenans-colonels & Chefs de brigade qui ſeront employés au ſiége, à l'exception du Major & du Directeur du parc, rouleront enſemble pour le ſervice de la tranchée. Ils ſeront alternativement commandés pour viſiter & faire exécuter les travaux ordonnés par le Commandant de l'Artillerie, & ils pourvoiront à tout ce que les circonſtances imprévues pourroient exiger. Ils ſeront relevés toutes les vingt-quatre heures.

Le Commandant en chef de l'Artillerie pourra, ſuivant le nombre des Officiers ſupérieurs & les beſoins du ſervice, en faire commander pluſieurs par jour lorſqu'il le jugera à propos.

12.

Diſpoſition du parc par le Directeur.

LE Directeur du parc, d'après les ordres qu'il aura reçus du Commandant en chef, diſpoſera de l'arrangement de ſon parc, pour que le ſervice s'y faſſe librement & ſans confuſion. Il rendra journellement compte à ce Commandant, des conſommations qui s'y feront; il le préviendra des remplacemens qu'il ſera à propos de faire, & il ordonnera ſeul du ſervice des Ouvriers. Les Officiers de ces compagnies ſeront affectés au parc, & le Directeur pourra les employer comme les autres Officiers qui ſeront attachés aux détails.

13.

Service des compagnies de Canonniers

LES batteries de canon ſeront conſtruites & ſervies par les compagnies de Canonniers; celles de mortiers,

7. Octobre 1774.

obusiers & pierriers le seront par les compagnies de Bombardiers: les unes & les autres rouleront entr'elles suivant l'ancienneté des Capitaines qui les commanderont; de sorte que le premier Capitaine de Canonniers aura la première batterie de canon qui sera tracée, le deuxième Capitaine aura la seconde, & ainsi de suite; on en usera de même pour les compagnies de Bombardiers.

& Bombardiers, & distribution des premières batteries.

14.

S'IL se trouvoit quelque compagnie dont le Capitaine titulaire fût absent ou hors d'état de servir, le Commandant en chef du Corps pourra le faire remplacer, pendant la durée du siége, par un des Capitaines attachés à l'équipage.

15.

Service des escouades en batteries.

DANS les cas du service ordinaire, chaque escouade sera chargée de deux bouches à feu.

Les quatre Sergens de chaque compagnie, rouleront entr'eux pour qu'il y en ait toujours un à la batterie.

16.

CHAQUE escouade fournira à raison de deux hommes pour chaque pièce, soit pour la construction des batteries, soit pour le service des pièces, en observant que le Caporal, l'Appointé & les deux premiers Canonniers roulent ensemble, & soient commandés alternativement, pour que l'un d'eux soit toujours Chef de la partie de l'escouade qui sera employée chaque jour pour lesdites pièces; en sorte que le Caporal marchera avec le premier des Canonniers en second & deux Apprentis; l'Appointé sera ensuite commandé avec le deuxième des Canonniers en second & deux Apprentis, & ainsi de suite, jusqu'à ce que l'escouade ait coulé à fond.

17.

SI la compagnie a moins de huit bouches à feu à servir, dès qu'une escouade aura coulé à fond, elle sera relevée par une de celles qui n'auront pas encore servi.

Lorsque le nombre de bouches à feu sera impair, la

pièce qui ne ſera pas couplée, ſera ſervie par une demi-eſcouade, qui ſera relevée quand les chefs de pièce de cette demi-eſcouade auront coulé à fond.

Dans les cas où les eſcouades ſeroient affoiblies par les pertes, on réduira le nombre des chefs de pièce de huit à ſix, ou même à quatre, s'il eſt néceſſaire; & alors l'eſcouade, au lieu de fournir au ſervice de ces pièces pendant quatre jours, n'y fournira que pendant trois ou deux jours.

18.

SUIVANT l'ordre de ſervice établi par les articles précédens, une eſcouade pourra, dans tous les cas, ſervir deux bouches à feu.

19.

LORSQUE toutes les compagnies auront fait leurs batteries, & qu'il faudra en recommencer d'autres, les Capitaines dont les batteries ſeront éteintes, ſeront les premiers à marcher.

20.

SI, tous les Capitaines étant employés, il y avoit de nouvelles batteries à conſtruire, alors ceux des Capitaines qui auroient le moins de pièces, ou dont les batteries ſeroient les moins intéreſſantes, ne laiſſeroient de Canonniers dans leurs batteries, qu'à raiſon d'une eſcouade pour deux pièces avec le premier Lieutenant & deux Sergens pour les commander, & les autres Officiers marcheroient avec le reſte des eſcouades de la compagnie pour conſtruire & exécuter la nouvelle batterie.

21.

ON obſervera, autant qu'il ſera poſſible, que les deux batteries faites par un même Capitaine, ſoient à portée l'une de l'autre; & pour cet effet, ainſi que pour d'autres raiſons, le Commandant pourra déranger l'ordre dans lequel les Capitaines devroient commencer de nouvelles batteries, & même faire faire, par une ſeule compagnie, le ſervice de deux anciennes batteries, pour charger une compagnie entière d'en conſtruire une nouvelle.

22. TOUS

7. Octobre 1774.

22.

Service des Officiers dans les batteries.

TOUS les Officiers de la compagnie affifteront à l'établiffement de la batterie, pour en reconnoître l'objet & le tracé; enfuite le Capitaine gardera avec lui ceux qu'il jugera lui être néceffaires pour la faire conftruire; & comme il doit répondre de la prompte exécution de la batterie, il y reftera jufqu'à ce qu'il foit fûr que le travail ne pourra fouffrir de fon abfence; & il s'y trouvera avec tous les Officiers de fa compagnie, lorfqu'il devra mettre fes pièces en batterie: lorfque la batterie tirera, il réglera le nombre des Officiers qui devront y refter, en conféquence des ordres qu'il aura pris du Commandant.

23.

Communications aux batteries.

LORSQUE les batteries auront befoin de communications avec la tranchée, elles feront dirigées par les Officiers des batteries, & exécutées par les Travailleurs de l'Artillerie.

24.

Fonctions du Major de l'équipage d'Artillerie.

LE Major de l'équipage de fiége, fera les mêmes fonctions & détails dont eft chargé le Major de l'équipage à l'armée. Il recevra les ordres du Commandant de l'Artillerie du fiége, pour les donner au premier Aide-major, qui les portera au Directeur du parc, lequel y ajoutera fes demandes; après quoi l'Aide-major ira les diftribuer au cercle.

25.

LORSQUE les troupes du Corps-royal & celles qui y feront attachées, ne fuffiront pas pour le fervice de l'Artillerie, le Major de ce Corps s'adreffera au Major général de l'Infanterie, pour en faire fournir, des bataillons de la ligne, le nombre dont on aura befoin.

26.

LE Major de l'équipage dreffera un état des Travailleurs qui auront été employés pendant le fiége, pour le fervice de l'Artillerie: cet état fera arrêté par lui, &

vérifié par le Commissaire des guerres & du Corps-royal, pour servir à la décharge du Trésorier.

27.

Fonctions du premier Aide-major de l'équipage.

Le premier Aide-major tiendra un registre exact de ces Travailleurs, en distinguant ceux que chaque troupe aura fournis, & la nature de l'ouvrage auquel ils auront été employés: chaque Officier sous les ordres duquel ils l'auront été, donnera un certificat du nombre des Travailleurs & du temps pendant lequel ils auront travaillé; & ce ne sera qu'après que le premier Aide-major aura visé ledit certificat, qu'ils pourront en être payés par le Trésorier: ce payement sera & demeurera fixé,

SAVOIR,

	Pour le jour.	Pour la nuit.
A chaque Travailleur, quinze sous pour le jour; & vingt sous par nuit, ci.	//ˡ 15ˢ	1ˡ //ˢ
A chaque Sergent de Travailleurs, trente sous pour le jour; & quarante sous par nuit, ci.	1. 10.	2. //
A chaque Canonnier, vingt sous pour le jour; & vingt-cinq sous par nuit, ci.	1. //	1. 5.
A chaque Fourrier ou Sergent de Canonniers, quarante sous pour le jour, & cinquante sous par nuit, ci.	2. //	2. 10.

28.

Service des autres Aides-major de l'équipage.

Le Major enverra tous les matins un Aide-major de l'équipage à l'Officier supérieur du Corps, qui sera de tranchée, pour recevoir ses ordres, & aller ensuite, dans les différentes batteries, prendre l'état des détachemens qui y seront nécessaires, ainsi que des munitions dont elles pourroient avoir besoin, pour en rendre compte audit Major, ainsi qu'au Directeur du parc.

29.

Le Commandant de chaque batterie enverra au parc une ordonnance avec un état de tout ce qu'il sera nécessaire d'envoyer à sa batterie, assez à temps pour

3. Octobre 1774

que le détachement qui doit le relever, puiſſe en apporter le tout ou partie.

30.

Relèvement des batteries.

LES batteries ſeront relevées deux heures avant la nuit; le premier ſoin des Officiers qui y arriveront, ſera d'en examiner la direction. Ils prendront connoiſſance de tout ce qui pourroit y être néceſſaire pendant la nuit; & les Officiers relevés en feront paſſer l'état au Directeur du parc.

31.

Diſtribution des Travailleurs.

UN des Aides-major de l'équipage ira tous les jours au parc, à l'heure à laquelle les détachemens s'aſſembleront pour relever les batteries. Il les diſtribuera chacun à ſa deſtination, & le Directeur du parc leur fera fournir tout ce qui leur ſera néceſſaire.

32.

Les Sapeurs camperont près du dépôt de la tranchée.

LES compagnies de Sapeurs camperont à portée du dépôt de la tranchée, ſitôt qu'elle ſera ouverte, ainſi que les Volontaires de la ligne qui leur ſeront joints; leur Commandant enverra tous les jours, pour leur ſervice particulier, un Adjudant chez le Major des Ingénieurs, & prendra lui-même, le plus ſouvent qu'il pourra, les ordres du Commandant de ce Corps.

Il enverra auſſi tous les jours un Fourrier chez le Major de l'Artillerie, qui ſera chargé de pourvoir à leur ſubſiſtance.

33.

Service des Mineurs.

DÈS que les Mineurs commenceront à travailler aux préparatifs de la Mine, ils ſeront relevés à la garde des poudres par les autres Troupes de l'Artillerie.

34.

LES outils & les approviſionnemens néceſſaires aux Mineurs, ſeront fournis, comme il eſt d'uſage, par le parc de l'Artillerie.

35.

LE Commandant des Mineurs ſera chargé dans

Commandant des Mineurs chargé personnellement de la direction des Mines.

l'attaque, ainſi que dans la défenſe des Places, de tout ce qui pourra concerner la partie des Mines; il propoſera, ſuivant l'uſage, au Général commandant le ſiége, les moyens qu'il croira convenir le mieux aux circonſtances. Il prendra ſes ordres immédiatement, & lui rendra compte de ſes opérations, qu'il aura ſoin de concerter toujours avec les Commandans de l'Artillerie & du Génie.

36.

Travailleurs de la ligne; à qui demandés.

LE Commandant des Mineurs enverra tous les jours un Officier-major chez le Major des Ingénieurs, pour faire porter ſur l'état des Travailleurs, à demander de la ligne, ceux qui ſeront néceſſaires au ſervice de la Mine. Il enverra également chez le Major de l'Artillerie, pour recevoir le mot & les ordres néceſſaires à la ſubſiſtance de ſa troupe.

37.

Travaux des mines; par qui payés.

LES Mineurs ſeront payés de leurs travaux ſur un état certifié par les Officiers qui les auront employés, & viſé par le Commandant de ce Corps. Le prix toujours proportionné à la difficulté & aux dangers, ſera aſſimilé à celui qui aura été accordé pour les travaux des Sapeurs, & ſera arrêté de concert entre le Commandant du Génie & celui des Mineurs. Les Travailleurs qui ſeront fournis aux Mineurs par l'Infanterie, ſeront payés ſur les certificats des Officiers de Mineurs qui les auront employés, après avoir été viſés par l'Officier chargé de ce détail à la tranchée. Le prix de leur travail ſera réglé de même par le Commandant du Génie & celui des Mineurs.

38.

Sergens de Mineurs ne ſeront plus attachés aux Ingénieurs.

LES Sergens des compagnies de Mineurs n'en ſeront plus tirés pour être attachés aux Ingénieurs; Sa Majeſté jugeant à propos de déroger à l'article 36 de ſon Ordonnance du 10 mars 1759.

39. LE

3. Octobre 1774.

212.

39.

Fonctions du Commissaire des guerres & du Trésorier, attachés à l'équipage de siége.

LE Commissaire des guerres & le Commis du Trésorier général du Corps-royal, attachés à l'équipage de siége, y feront les mêmes fonctions que celles qui sont prescrites aux Commissaires des guerres & aux Trésoriers employés à la suite des équipages de campagne.

40.

QUAND la Place sera sur le point de se rendre, le Commandant de l'équipage de siége proposera au Général de l'armée les Officiers du Corps-royal qui devront aller reconnoître & mettre en ordre les magasins, & tout ce qui concerne l'Artillerie de la Place.

41.

LES Officiers destinés au service de cette Place, y seront installés par l'Officier supérieur du Corps-royal, qui sera détaché, pour cette opération, le jour de la reddition de la Place, & le Commissaire des guerres & du Corps-royal s'y trouvera en même temps.

42.

CET Officier supérieur traitera du rachat des cloches qui se trouveront dans la Place, de concert avec un autre Officier qui sera nommé à cet effet par le Commandant de l'équipage, & avec le Commissaire des guerres & du Corps-royal. Le prix de ce rachat sera remis entre les mains du Commis du Trésorier général de l'Artillerie, pour être ensuite distribué, sur les ordres du Secrétaire d'État ayant le département de la guerre, aux Officiers & Employés de l'Artillerie qui auront assisté au siége, ou qui auront fait les convois pour l'approvisionnement dudit siége.

43.

ON procédera aussi sur le champ, suivant l'usage ordinaire, à la reconnoissance & à l'inventaire provisionnel des effets & munitions d'Artillerie qui seront dans la Place, & dont on chargera le nouveau Garde qui sera nommé. L'Officier ſupérieur du Corps-royal, ſous les ordres duquel s'exécuteront tous les arrangemens qui y ſont relatifs, reſtera dans la Place juſqu'à la clôture de l'inventaire.

44.

AUSSITÔT que le Commandant de l'équipage aura reçu ledit inventaire, il en adreſſera copie au Secrétaire d'État ayant le département de la guerre.

MANDE & ordonne Sa Majeſté aux Officiers généraux ayant commandement ſur ſes Troupes, aux Gouverneurs & Lieutenans généraux dans ſes provinces, aux Gouverneurs & Commandans de ſes villes & Places, aux Directeur général & Inſpecteurs généraux du Corps-royal de l'Artillerie, aux Intendans dans ſes provinces, ſur ſes frontières & dans ſes armées, aux Commiſſaires des guerres & du Corps-royal de l'Artillerie, & à tous autres ſes Officiers qu'il appartiendra, de tenir la main à l'exécution de la préſente Ordonnance, qui aura lieu à commencer du premier Novembre prochain; dérogeant à toute autre qui pourroit lui être contraire.

FAIT à Verſailles le trois Octobre mil ſept cent ſoixante-quatorze. *Signé* LOUIS. *Et plus bas,* DE FELIX DU MUY.

www.ingramcontent.com/pod-product-compliance
Ingram Content Group UK Ltd.
Pitfield, Milton Keynes, MK11 3LW, UK
UKHW020913180726
13838UKWH00002B/524

9 782329 359021